C.H. Voigt

Volksweisen

Für die reifere Jugend gesammelt und eingerichtet, 2 Hefte

C.H. Voigt

Volksweisen
Für die reifere Jugend gesammelt und eingerichtet, 2 Hefte

ISBN/EAN: 9783743412248

Hergestellt in Europa, USA, Kanada, Australien, Japan

Cover: Foto ©Thomas Meinert / pixelio.de

Weitere Bücher finden Sie auf **www.hansebooks.com**

Volksweisen.

Für die reifere Jugend

gesammelt und eingerichtet

von

C. H. Voigt,
Cantor in Betschau.

Erstes Heft.

Neunte Auflage.

Berlin, 1880.

M. Bahn, Verlag (früher T. Trautwein)
Königl. Hof-Buch- und Musikhändler.
Ritter-Straße 70.

Motto:

Einst war in deutschen Landen das Volk so reich an Sang,
Daß dir auf Weg und Stegen sein Herz entgegen klang.
Im Liede hat's gebetet, im Liede hat's geweint,
Beim Mahle wie bei Gräbern zum Sange sich vereint.
Der Bauer hinter'm Pfluge, der Hirt im Wiesenthal,
Die Mägde bei dem Rocken, sie sangen allzumal;
Und wo die Kinder spielten, da lenkt' ein Lied die Lust,
Und wo die Burschen zogen, da klang's aus voller Brust!
Wer sie erfand die Weisen, war keinem je bekannt,
Sie wuchsen wie die Blumen und gingen von Hand zu Hand;
Bis jüngst in dunklen Nächten ein wüster Räuber kam,
Und aus des Volkes Herzen den Schatz der Lieder nahm,
Statt dessen hat er Tücke und Grimm hineingelegt.
Die haben tolles Murren und arg Geschwätz erregt.
Es hat vom Gift getrunken, ihm ist die Seele wund,
Und ob dem Weh verstummet der sangesrege Mund.
O Herr, vor dem melodisch der Gang der Welten klingt,
Und dem am Blatt der Käfer, am Halm die Grille singt,
Ach, nimm dich des Verstummten in Gnaden liebreich an,
Und löse seines Herzens und seiner Zunge Bann!
Laß meines Volkes Lieder hell klingen in dem Chor,
Drin aller Wesen Odem dir jubelnd steigt empor.
Gieb uns die Psalmen wieder und schüre Sangesgluth,
Damit der Teufel weiche, dem Singen wehe thut.

R. Bormann.

Die im obigen Gedichte enthaltene treffliche Charakterisirung unseres frühern und jetzigen Volksgesanges war die erste Anregung, aus welcher diese Sammlung von Liedern hervorgegangen ist. Ich habe deshalb seit Jahren aus der großen Zahl der für die Volksschule herausgegebenen Liederhefte diejenigen Lieder (für meine Schüler zunächst) ausgewählt, welche Jung und Alt gern singt. Daraus — und mit Hinzufügung einiger Weisen, die bisher für die Schulen noch nicht eingerichtet waren, — ist diese anspruchslose Sammlung entstanden, die vielleicht auch manchem meiner Collegen willkommen sein dürfte.

Da der zweistimmige Satz für die Volksschule im Allgemeinen den Vorzug verdient, so ist derselbe durchweg festgehalten worden, und glaube ich damit dem Wunsche vieler Lehrer, besonders derer auf dem Lande, entsprochen zu haben.

Der rhythmische Choral — ein Pflänzchen, das spärlich gedeiht — beansprucht mit Recht eine größere Pflege in der Schule; möchten die im Anhange enthaltenen Melodieen eine bescheidene Mahnung dazu sein!

C. H. Voigt.

1. Das Glück der Jugendzeit.

Munter.   C. M. v. Weber.

1. Wie freundlich lacht dem jun-gen Sinn des Lebens schö-ner Morgen! Die Ta-ge fließen schnell dahin, nie kennt das Herz die Sor-gen. Sü-ße, schöne, sü-ße, schöne Ju-gend-zeit, wei-le, wei-le im-mer, wei-le, wei-le im-mer! Sü-ße, schö-ne, sü-ße, schöne Jugend-zeit.

2. Noch strömt so leicht und froh das Blut, Gesundheit schwellt die Glieder, und Lebenslust giebt Lebensmuth und lehret frohe Lieder. Süße, schöne 2c.

3. Noch lacht so frisch dem jungen Blick die schöne Welt entgegen, noch giebt Zufriedenheit das Glück und Freuden aller Wegen. Süße, schöne 2c.

4. Drum soll die schöne Jugendzeit nicht ungenossen fliehen, und froher Jubel schalle weit, so lang die Rosen blühen. Süße, schöne 2c.

2. Heimathslied.

1. In der Hei=math ist es schön, auf der Berge lichten

Höh'n, auf den schroffen Felsen = pfa = den, auf der Fluren grü=nen

Saa=ten; wo die Heerden weidend gehn. In der Hei=math ist es

schön, in der Heimath ist es schön.

2. In der Heimath ist es schön, wo die Lüfte reiner weh'n; wo des Baches Silberwelle murmelnd hüpft von Stell' zu Stelle; wo der Eltern Häuser steh'n. |: In der Heimath ist es schön. :|

3. In der Heimath ist es schön, über jenen lichten Höh'n, wo der Kindheit frohe Stunden uns so ungetrübt entschwunden, über jenen lichten Höh'n. |: In der Heimath ist es schön. :|

---

3. Wanderlied.*)

F. M. Bartholdy.

1. Wem Gott will rechte Gunst er = weisen, den schickt er in die wei=te

Welt, dem will er sei=ne Wunder weisen, dem will er sei=ne Wunder

*) Mit besonderer Erlaubniß des Original-Verlegers F. Kistner in Leipzig.

2. Die Bächlein von den Bergen springen, die Lerchen jubeln hoch vor Lust; wie sollt' ich nicht mit ihnen singen aus voller Kehl' und frischer Brust.

3. Den lieben Gott laß ich nur walten, der Bächlein, Lerchen, Wald und Feld und Erd' und Himmel kann erhalten, hat auch mein Sach' auf's Best' bestellt.

4. Der reichste Fürst.

2. „Herrlich, sprach der Fürst von Sachsen, |: ist mein Land und seine Macht, :| |: Silber hegen seine Berge :| wohl in manchem tiefen Schacht." :|

3. „Seht mein Land in üpp'ger Fülle, sprach der Pfalzgraf von dem Rhein: goldne Saaten in den Thälern, auf den Bergen edler Wein."

4. „Große Städte, reiche Klöster, Ludwig, Herr zu Baiern, sprach, schaffen, daß mein Land dem Euren wohl nicht steht an Schätzen nach."

5. Eberhard, der mit dem Barte, Würtembergs geliebter Herr, sprach: „Mein Land hat kleine Städte, trägt nicht Berge silberschwer;

6. Doch ein Kleinod hält's verborgen, daß in Wäldern, noch so groß, ich mein Haupt kann kühnlich legen jedem Unterthan in Schooß."

7. Und es rief der Herr von Sachsen, der von Baiern, der vom Rhein: „Graf im Bart! Ihr seid der Reichste, Euer Land trägt Edelstein!"

5. Der Nachtigall Antwort.

2. Nachtigall, Nachtigall, was schweigest du nun? schweigest du nun? du sangst so kurze Zeit. Warum willst, warum willst du singen nicht mehr? singen nicht mehr? das thut mir gar zu leid. Wenn du sangest, war mein Herz so voll von Lust und Fröhlichkeit. Warum willst, warum willst du singen nicht mehr? singen nicht mehr? das thut mir herzlich leid.

3. Wenn der Mai, wenn der Mai, wenn der liebliche Mai, liebliche Mai mit seinen Blumen zieht; ist es mir, ist es mir so eigen um's Herz, eigen um's Herz, weiß nicht, wie mir geschieht. Wollt' ich singen auch, ich könnt' es nicht, mir gelingt kein einzig Lied! Ja es ist, ja es ist mir so eigen um's Herz, eigen um's Herz, weiß nicht, wie mir geschieht.

6. Vögleins Abschied.

2. Hin ist nun Waldes Grün und süßen Thales Blüh'n und meiner Hütte Raum stehet allein. Drum ist das Herz so schwer, hat keine Lieder mehr; laß mich nur fliegen hin, treu bleibt der Sinn.

3. Nein, ich vergeß' dich nicht! Beim ersten Frühlingslicht siehst du mich wieder hier mit neuem Lied. Und wärst du schon daheim, grüß' dort die Vöglein, die dort mit sel'gem Klang jubeln den Sang.

W. Kritzinger.

7. Abschied.

wohl doch Nichts im Lauf der Welt dem Her=zen, ach, so sau=er fällt, als Schei=den, ja Schei=den.

2. So dir geschenkt ein Knöspelein was, so thu es in ein Wasser=glas; |: doch wisse: :| Blüht morgen dir ein Röslein auf, es welkt wohl schon die Nacht darauf; das wisse, ja wisse.

3. Hat Gott dir einen Freund bescheert, und ist er dir recht innig werth, |: der deine: :| Es wird wohl wenig Zeit um sein, da läßt er dich so gar allein, dann weine, ja weine!

4. |: Nun mußt du mich auch recht versteh'n, :| |: ja recht verstehn: :| Wenn Menschen aus einander geh'n, so sagen sie: Auf Wiedersehn! |: Auf Wiedersehn! :|

8. Abschied von der Heimath.*)

1. Nun a=de, du mein lieb Heimathland, lieb Heimathland, a=de! Es geht jetzt fort zum fremden Land, lieb Heimathland, a=de! Und so sing' ich denn mit frohem Muth, wie man singet, wenn man wandern thut, lieb Hei=math=land, a=de!

2. Wie du lachst mit deines Himmels Blau! lieb Heimathland, ade! Wie du grüßest mich mit Feld und Au'! lieb Heimathland, ade! Gott weiß, zu dir steht stets mein Sinn; doch jetzt zur Ferne zieht's mich hin, lieb Heimathland, ade!

*) Mit besonderer Erlaubniß der Original-Verleger Breitkopf u. Härtel in Leipzig.

3. Begleitest mich, du lieber Fluß, lieb Heimathland, ade! Bist traurig, daß ich wandern muß, lieb Heimathland, ade! Vom moos'gen Stein am wald'gen Thal, da grüß' ich dich zum letzten Mal! lieb Heimathland, ade!
　　　　　　　　　　　　　　　　　　　　　　　Disselhof (?).

9. Scheiden.

2. Da wach' ich auf ohn' Morgengruß, und einsam wallet dann mein Fuß, und wenn die Sternlein nahen sacht, mir Niemand wünschet: „Gute Nacht!"
3. Ach, Scheiden, ist ein Wort so schwer, als ob es nicht vom Himmel wär', und dennoch ist es Gottes Schluß, daß Herz vom Herzen scheiden muß.
4. Doch, wenn es muß geschieden sein, laßt werden nicht zu groß die Pein, daß unser Gott nicht werd' betrübt, der uns ja auch im Scheiden liebt.
5. Ihm sei gedankt für alle Freud', die seine Hand bisher gebeut! Er halt' uns fest und führ' uns ein, wo's nicht mehr darf geschieden sein.
　　　　　　　　　　　　　　　　　　　　　　　W. Krizinger.

10. Sehnsucht nach der Heimath.

Blick, Sehn-suchts-thrä-nen mei-nen Blick!

2. Stiller Weiler, grün umfangen von beschirmendem Gesträuch! Kleine Hütte, voll Verlangen |: denk' ich immer noch an euch! :|
3. An die Fenster, die mit Reben einst mein Vater selbst umzog, an den Birnbaum, der daneben |: auf das nied're Dach sich bog! :|
4. Was mich dort als Kind erfreute, kommt mir wieder lebhaft vor; das bekannte Dorfgeläute |: wiederhallt in meinem Ohr! :|

11. Unterländer.

Nicht zu geschwind. — Volksweise.

1. Drun-ten im Un-ter-land, da ist's halt fein. Schlehen im O-ber-land, Trauben im Un-ter-land. Drun-ten im Un-terland, da ist's halt fein.

2. Drunten im Neckarthal, da ist's halt gut. :|: Ist eins da oben 'rum manchmal auch noch so dumm, hab' i doch alleweil drunten gut's Blut. :|
3. Kalt ist's im Oberland, unten ist's warm. :|: Oben sind Leut' so reich, Herzen sind gar nit weich, seh'n ein'n nit freundlich an, werden nit warm. :|
4. Aber da unten 'rum, da sind Leut' arm; :|: aber so froh und frei und in der Liebe treu. Drum sind im Unterland Herzen so warm. :|

12. Wanderlied.

Gemüthlich.

1. { Wohl-auf noch ge-trun-ken den fun-keln-den
    A-de nun ihr Lie-ben, ge-schie-den muß

2. Die Sonne, sie bleibet am Himmel nicht steh'n, es treibt sie durch Länder und Meere zu geh'n. |: Die Woge nicht haftet am einsamen Strand, die Stürme, sie brausen mit Macht durch das Land, :| das Land. Juvallera ꝛc.

3. Mit eilenden Wolken der Vogel dort zieht, und singt in der Ferne manch heimathlich Lied: |: so treibt es den Wandrer durch Wälder und Feld, zu gleichen der Mutter, der wandernden Welt, :| der Welt.

4. Die Vögel, sie kennen sein väterlich Haus, die Blumen einst pflanzt' er der Liebe zum Strauß; |: und Liebe, die folgt ihm, die geht ihm zur Hand. So wird ihm zur Heimath das ferneste Land, :| das Land.

13. Der Wanderer in der Sägemühle.

1. Dort unten in der Müh-le saß ich in gu-ter

Ruh' und sah dem Rä-der-spie-le und sah den Wassern

zu, und sah dem Rä-der-spie-le und sah den Wassern zu.

2. Sah' zu der blanken Säge, es war mir wie ein Traum, |: die bahnte lange Wege in einen Tannenbaum. :|

3. Die Tanne war wie lebend, in Trauermelodie, |: durch alle Fasern bebend, sang diese Worte sie: :|

4. Du kehrst zur rechten Stunde, o Wanderer, hier ein, |: du bist's, für den die Wunde mir dringt in's Herz hinein; :|

5. Du bist's, für den wird werden, wenn kurz gewandert du, |: dies Holz im Schooß der Erden ein Schrein zur langen Ruh'! :|

6. Vier Bretter sah ich fallen, mir ward's um's Herze schwer, |: ein Wörtlein wollt' ich lallen, da ging das Rad nicht mehr! :|

J. Kerner.

14. Abschied aus der Heimath.

1. Von meinen Bergen muß i scheide, wo's gar so lieblich ist und schön. kann nimme i der Heimath bleibe, muß in die wei-te Ferne gehn.

La la la la la la la la la la la la la la la la

la la la la la la la la la la la.

2. Ach Mutter, laß a mal das Weine, du weißt, es kann nit anders sy, bis über's Jahr kum i do heime, du weißt i bleib' allweil derby. La la la ꝛc.

15. Lore-Ley.

(Baß in D.) Mäßig.   Volksweise von F. Silcher.

1. Ich weiß nicht, was soll es be-deu-ten, daß ich so trau-rig bin; ein Märchen aus al-ten Zei-ten, das kommt mir nicht aus dem Sinn. Die Luft ist kühl und es dun-kelt, und ru-hig fließt der Rhein; der Gip-fel des Ber-ges fun-kelt im A-bend-son-nen-schein.

2. Die schönste Jungfrau sitzet dort oben wunderbar, ihr goldnes Geschmeide blitzet, sie kämmt ihr goldenes Haar. Sie kämmt es mit goldenem Kamme, und singt ein Lied dabei, das hat eine wundersame, gewaltige Melodei.

3. Den Schiffer im kleinen Schiffe ergreift es mit wildem Weh; er schaut nicht die Felsenriffe, er schaut nur hinauf in die Höh'. Ich glaube, die Wellen verschlingen am Ende gar Schiffer und Kahn; das hat mit ihrem Singen die Lorelei gethan.

16. Sommers Abendlied.

Gemüthlich. — *Volksweise. E. Becker.*

1. Will=kommen, o se=li=ger A=bend, dem Her=zen, das froh dich ge=nießt! Du bist so erquickend, so la=bend: d'rum sei uns recht herz=lich ge=grüßt!

2. In deiner erfreulichen Kühle vergißt man die Leiden der Zeit, vergißt man des Mittages Schwüle, und ist nur zum Danken bereit.
3. Im Kreise sich liebender Freunde, gelagert im schwellenden Grün, da segnet man fluchende Feinde und lässet in Frieden sie zieh'n.
4. Willkommen, o Abend voll Milde! du schenkst den Ermüdeten Ruh', versetzt uns in Edens Gefilde und lächelst uns Seligkeit zu.

F. v. Ludwig.

17. Wenn die Schwalben heimwärts ziehn.

Mäßig. — *F. Abt.*

Wenn die Schwalben heimwärts ziehn, wenn die Ro=sen nicht mehr blühn, wenn der Nachti=gall Ge=sang mit der Nachti=gall ver-

p. — *crescendo* — *f.*

klang, fragt das Herz im bangen Schmerz, fragt das Herz im bangen Schmerz:

— 15 —

2. Wenn die Schwäne südwärts zieh'n, dorthin, wo Citronen blüh'n, wenn das Abendroth versinkt, durch die grünen Blätter bringt, fragt das Herz 2c.
3. Armes Herz, was klagest du? O auch du gehst einst zur Ruh'. Was auf Erden, muß vergeh'n, giebt es wohl ein Wiedersehn? fragt das Herz 2c.

18. Der weisse Hirsch.

Volksweise.

2. Sie legten sich unter den Tannenbaum, |: da hatten die drei einen seltsamen Traum. :|
3. (Der Erste): „Mir hat geträumt, ich klopft' an den Busch, |: da rauschte der Hirsch heraus, husch, husch!" :|
4. (Der Zweite): „Und als er sprang in der Hunde Geklaff, |: da brannt' ich ihm auf das Fell piff, paff!" :|
5. (Der Dritte): „Und als ich den Hirsch an der Erde sah', |: da stieß ich lustig ins Horn, trara!" :|
6. So lagen sie da und sprachen, die Drei, |: da rannte der weiße Hirsch vorbei! :|
7. Und eh' die drei Jäger ihn recht geseh'n, |: da war er davon über Tiefen und Höh'n!:|

19. Abendlied.

Langsam.   Fr. Kuhlau.

1. Un=ter al=len Wip=feln ist Ruh'; in al=len Zweigen hö=rest du kei=nen Laut; die Vög=lein schla=fen im Wal=de! War=te nur, war=te nur, bal=de, bal=de schläfst auch du. War=te nur, war=te nur, bal=de, bal=de schläfst auch du, bal=de schläfst auch du.

2. Unter allen Monden ist Plag' und alle Jahr' und alle Tag' Jammerlaut. Das Laub verwelkt in dem Walde. Warte nur ꝛc. — balde welkst auch du.

3. Unter allen Sternen ist Ruh'; in allen Himmeln hörst du Harfen laut, die Englein spielen, das schallte! Warte nur ꝛc. — balde spielt auch du.

          V. 1 von Goethe.
          V. 2 und 3 von Falk.

20. Ergebung.

Ruhig.   Die Knapp.

1. Auf den Schnee, auf den Schnee folgt der schö=ne

Hoffnungsklee. Wenn der Winter ist ver=gan=gen sol=len neu die

Blümlein prangen, schwingt die Lerche sich zur Höh'! Auf den Schnee,

auf den Schnee folgt der schö = ne Hoffnungsklee.

2. Wie Gott will, wie Gott will, will ich gerne halten still. Soll der Himmel sich verhüllen, wird der Regen niederquillen, giebt's Gedeih'n in reicher Füll'. Wie Gott will, wie Gott will, will ich gerne halten still.

3. Schweig' mein Herz! schweig' mein Herz! denn es wechselt Lust und Schmerz. Will dich Trübsinn hier umfangen; kannst du süßen Trost erlangen, hebt dein Blick sich himmelwärts. Schweig' mein Herz! schweig' mein Herz! denn es wechselt Lust und Schmerz.

21. An den Mai.

Komm, lie=ber Mai und ma=che die Bäu=me wie=der grün, und laß mir an dem Ba=che die kleinen Veil=chen blühn. Wie möchten wir so gerne ein Blümchen wie=der sehn! ach lie-ber Mai, wie ger - ne einmal spa-zie-ren gehn!

2. Komm, mach' es bald gelinder, daß Alles wieder blüht, dann wird das Flehn der Kinder ein lautes Jubellied. O komm', und bring' vor Allen uns viele Rosen mit! Bring' auch viel Nachtigallen und schöne Kukkuks mit!
                                              Ch. A. Overbek.

22. Die Lilien auf dem Felde.

Mäßig langsam.   F. Silcher.

1. Seht die Li-lien auf dem Feld, wie sie wach-sen, blühen! Sagt, wer hat sie hinge-stellt oh-ne Sorg' und  Mühen? Wer hat sie so schön gemacht, ausgeschmückt mit  sol-cher Pracht, herr-lich son-der Glei-chen,  herr-lich son-der Gleichen?

2. Gott, der Herr, rief euch hervor, daß die Erd' ihr schmücket, schwingt des Menschen Herz empor, niedrer Sorg' entrücket; lehrt es gläubig aufwärts schau'n, ewig, ewig Gott vertrau'n, |: blüh'n als Himmelsblume. :|

3. Auf mein Herz! sei unverzagt, wirf auf ihn die Sorgen, der nach trüber Mitternacht ruft den Frühlingsmorgen! der die Blumen nicht vergißt, auch mein guter Vater ist: |: Lob' ihn, meine Seele! :|

23. Frühlingslied.

1. Der Mai ist gekommen, die Bäume schlagen aus, da bleibe wer Lust hat, mit Sorgen zu Haus; wie die Wolken dort wandern am himmlischen Zelt, so steht auch mir der Sinn in die weite, weite Welt.

2. Frisch auf drum, frisch auf drum, im hellen Sonnenstrahl, wohl über die Berge, wohl durch das tiefe Thal! Die Quellen erklingen, die Bäume rauschen all'; mein Herz ist wie 'ne Lerche und stimmet ein mit Schall.

3. O Wandern, o Wandern, du freie Burschenlust! Da weht Gottes Odem so frisch durch die Brust; da singet und jauchzet das Herz zum Himmelszelt: wie bist du doch so schön, o du weite, weite Welt.

E. Geibel.

24. Frühzeitiger Frühling.*)

*) Mit besonderer Erlaubniß der Original-Verleger Breitkopf und Härtel in Leipzig.

2. Die Bäume stehen voller Laub, das Erdreich decket seinen Staub mit einem grünen Kleide. Narzissen und die Tulipan, die ziehen sich viel schöner an, als Salomonis Seide.

3. Die Lerche schwingt sich in die Luft, das Täubchen fliegt aus seiner Kluft und macht sich in die Wälder. Die hochbegabte Nachtigall ergötzt und füllt mit ihrem Schall, Berg, Hügel, Thal und Felder.

4. Die Bächlein rauschen in dem Sand und malen sich an ihrem Rand mit schattenreichen Myrthen; die Wiesen liegen hart dabei, und klingen ganz vom Lustgeschrei der Schaf' und ihrer Hirten.

5. Ich selber kann und mag nicht ruh'n; des großen Gottes großes Thun erweckt mir alle Sinnen. Ich singe mit, wenn Alles singt, und lasse, was dem Höchsten klingt, aus meinem Herzen rinnen.

6. Ach, denk ich, bist du hier so schön, und läßt du's uns so lieblich gehn auf dieser armen Erden: was will doch wohl nach dieser Welt dort in dem reichen Himmelszelt und güldnen Schlosse werden!

7. O wär' ich da! o stünd' ich schon, ach, süßer Gott, vor deinem Thron und trüge meine Palmen; so wollt' ich nach der Engel Weis' erhöhen deines Namens Preis mit tausend schönen Psalmen!

P. Gerhardt.

26. Des Sommers letzte Rose.

Wehmüthig.

1. Des Sommers letzte Rose blüht hier noch allein, verwelkt sind der Gespielen hold lächelnde Reih'n. Ach es blieb keine Schwester, keine Knospe zurück, mit erwiedern dem Seufzer, mit ertröthen dem Blick.

2. Letzte Rose, wie magst du so einsam hier blühn? deine freundlichen Schwestern sind längst schon dahin. Keine Blüthe haucht Balsam mit liebendem Duft, keine Blätter mehr flattern in stürmischer Luft.

3. Warum blühst du so traurig im Garten allein? sollst im Tod mit den Schwestern vereinigt sein. D'rum pflück' ich, Rose, vom Stamme dich ab, sollst ruh'n mir am Herzen und mit mir im Grab.

27. Sandwirth Hofer.

1. Zu Mantua in Banden der treue Hofer war, in Mantua zum Tode führt ihn der Feinde Schaar; es blutete der Brüder Herz; ganz Deutschland ach! in Schmach und Schmerz, mit ihm das Land Tyrol, mit ihm das Land Tyrol, mit ihm das Land Tyrol, mit ihm das Land Tyrol.

2. Die Hände auf dem Rücken, der Sandwirth Hofer ging mit ruhig festen Schritten, ihm schien der Tod gering, der Tod, den er so manches Mal vom Iselberg geschickt in's Thal |: im heil'gen Land Tyrol. :|

3. Doch als aus Kerkergittern im festen Mantua die treuen Waffenbrüder die Händ' er strecken sah, da rief er laut: Gott sei mit euch, mit dem verlassnen deutschen Reich |: und mit dem Land Tyrol.:|

4. Dem Tambour will der Wirbel nicht unter'm Schlägel vor, als nun der Sandwirth Hofer schritt durch das finstre Thor. Der Sandwirth, noch in Banden frei, dort stand er fest auf der Bastei, |: der Mann vom Land Tyrol. :|

5. Dort soll er niederknieen; er sprach: Das thu' ich nit! will sterben, wie ich stehe, will sterben, wie ich stritt, so wie ich steh' auf dieser Schanz'; es leb' mein guter Kaiser Franz, |: mit ihm das Land Tyrol. :|

6. Und von der Hand die Binde nimmt ihm der Corporal, und Sandwirth Hofer betet allhier zum letzten Mal; dann ruft er: Nun, so trefft mich recht! Gebt Feuer! Ach, wie schießt ihr schlecht! |: Ade, mein Land Tyrol! :|

28. Der schwäbische Ritter an seinen Sohn.

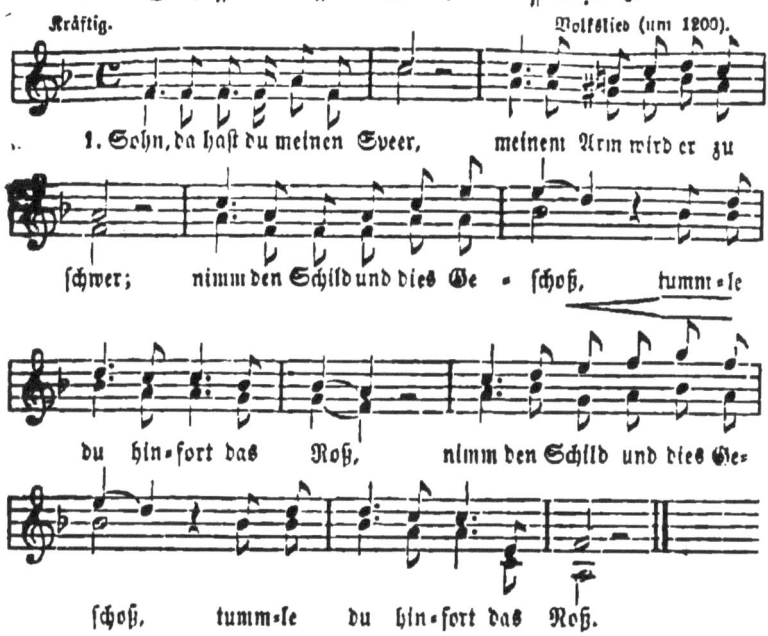

1. Sohn, da hast du meinen Speer, meinem Arm wird er zu schwer; nimm den Schild und dies Geschoß, tumm-le du hin-fort das Roß, nimm den Schild und dies Geschoß, tumm-le du hin-fort das Roß.

2. Siehe, dies nun weiße Haar deckt der Helm schon funfzig Jahr. |: Jedes Jahr hat eine Schlacht, Schwert und Streitaxt stumpf gemacht. :|

3. Immer sei zum Kampf bereit, suche stets den wärmsten Streit; |: schone den, der wehrlos fleht, haue den, der widersteht. :|

4. Deine Brüder fraß das Schwert, sieben Knaben, Deutschlands werth; |: deine Mutter härmte sich stumm und starrend und verblich. :|

5. Einsam bin ich nun und schwach; aber, Knabe, deine Schmach |: wär' mir herber siebenmal, denn der sieben Andern Fall. :|

6. Drum so scheue nie den Tod und vertraue deinem Gott! |: So du kämpfest ritterlich, freut dein alter Vater sich. :|

29. Barbarossa.

1. Der al-te Barba-ros-sa, der Kaiser Frie-de-rich, im

un=ter=ird'schen Schlosse hält er verzaubert sich.

2. Er ist niemals gestorben, er lebt darin noch jetzt; er hat im Schloß verborgen zum Schlaf sich hingesetzt.

3. Er hat hinabgenommen des Reiches Herrlichkeit, und wird einst wiederkommen mit ihm zu seiner Zeit.

4. Der Stuhl ist elfenbeinern, darauf der Kaiser sitzt; der Tisch ist marmelsteinern, worauf sein Haupt er stützt.

5. Sein Bart ist nicht von Flachse, er ist von Feuersgluth, ist durch den Tisch gewachsen, worauf sein Haupt ausruht.

6. Er nickt als wie im Traume, sein Aug' halb offen zwinkt, und je nach langem Raume er einem Knaben winkt.

7. Er spricht im Schlaf zum Knaben: Geh' hin vor's Schloß, o Zwerg, und sieh, ob noch die Raben herfliegen um den Berg.

8. Und wenn die alten Raben noch fliegen immerdar, so muß ich auch noch schlafen verzaubert hundert Jahr. Fr. Rückert.

30. Der alte Krieger an seinen Mantel.

Gemüthlich.   Volksweise.

1. Schier drei=ßig Jah=re bist du alt, hast manchen Sturm er=lebt; hast mich wie ein Bruder be=schüt=zet, und wenn die Ka=no=nen ge=blit=zet, wir bei=de haben nie=mals ge=bebt.

2. Wir lagen manche liebe Nacht durchnäßt bis auf die Haut; du allein hast mich erwärmet und was mein Herze gehärmet, das hab' ich dir, Mantel, vertraut.

3. Geplaudert hast du nimmermehr, du warst mir still und treu, du warst mir getreu in allen Stücken, drum laß ich dich auch nicht mehr flicken, du alter würdest sonst neu.

4. Und mögen sie mich verspotten, du bleibst mir theuer doch; denn wo die Stücke 'runter hangen, sind die Kugeln hindurch gegangen, jede Kugel macht ein Loch.

5. Und wenn die letzte Kugel kommt in's deutsche Herz hinein: lieber Mantel, laß dich mit mir begraben, weiter will ich von dir nichts haben, in dich hüllen sie mich ein.

31. Unser Vaterland. (G. H. Nägeli (1816).

2. Kennt ihr das Land, vom Truge frei, wo noch das Wort des Mannes gilt? das gute Land, wo Lieb' und Treu' den Schmerz des Erdenlebens stillt? das gute Land 2c.

3. Kennt ihr das Land, wo Sittlichkeit im Kreise froher Menschen wohnt? das heil'ge Land, wo unentweiht der Glaube an Vergeltung thront? Das gute Land ist uns bekannt, es ist ja unser Vaterland.

4. Heil dir, du Land, so hehr und groß vor allen auf dem Erdenrund! Wie schön gedeiht in deinem Schooß der edlen Freiheit schöner Bund! Drum wollen wir dir Liebe weih'n und deines Ruhmes würdig sein.

32. Schottisches Volkslied.

ton, und es sucht ihn ihr Blick, nie kehrt er mehr zurück.

2. Ach dort, wo kein Berg die müde Sonne deckt, von mir liegt er fern auf blut'gem Sand gestreckt, wo ihn nicht mehr mein Ruf zum frühen Jagen weckt. Ach, das Schwert, das ihn traf, senkt ihn in Todesschlaf.

33. Unsern Fürsten 2c.

Ziemlich langsam.   Melodie der österr. Nationalhymne von J. Haydn.

1. Unsern Fürsten, Gott, erhalte, schirme über den Gesalbten walte stets des unsern theuren Herrn; Friedens gold'ner Stern. Was die Zukunft auch entfalte, nimmer sei ihm Freude fern. Unsern König, Gott, erhalte, segne unsern guten Herrn.

2. Ueber blühende Gefilde reicht sein Scepter weit und breit; Säulen seines Throns sind Milde, Biederfinn und Redlichkeit, und von seinem Wappenschilde strahlet die Gerechtigkeit. |: Unsern König 2c. :|

3. Sich mit Tugenden zu schmücken, achtet er der Sorgen werth, nicht, um Völker zu erdrücken, flammt in seiner Hand das Schwert; sie zu segnen, zu beglücken, ist der Preis, den er begehrt. Unsern König 2c.

4. Er zerbrach der Knechtschaft Bande, hob zur Freiheit uns empor; lang' erleb' er seiner Lande, seiner Völker höchsten Flor, und vernehme noch am Rande später Gruft der Enkel Chor. Unsern König 2c.

34. Preussenlied.

2. Mit Lieb' und Treue nah' ich mich dem Throne, von welchem mild zu mir mein Vater spricht; und wie der Vater treu mit seinem Sohne, so steh ich treu mit ihm und wanke nicht. Fest sind der Liebe Bande, Heil meinem Vaterlande! |: Des Königs Ruf bringt in das Herz mir ein, ich bin ein Preuße, will ein Preuße sein. :|

3. Nicht jeder Tag kann glühn im Sonnenlichte, ein Wölkchen und ein Schauer kommt zur Zeit, drum lese Keiner mir es im Gesichte, daß nicht der Wünsche jeder mir gedeiht. Wohl tauschten nah und ferne mit mir gar Viele gerne; ihr Glück ist Trug und ihre Freiheit Schein, ich bin 2c.

4. Und wenn der böse Sturm mich wild umsauset, die Nacht entbrennet in des Blitzes Gluth; hat's doch schon ärger in der Welt gebrauset, und was nicht bebte, war der Preußen Muth. Mag Fels und Eiche splittern, ich werde nicht erzittern; es stürm', es krach', es blitze wild darein! Ich bin 2c.

5. Wo Lieb' und Treu' sich um den König reihen, wo Fürst und Volk sich reichen so die Hand, da muß des Volkes wahres Glück gedeihen, da blüht und wächst das schöne Vaterland. So schwören wir auf's Neue dem König Lieb' und Treue. Fest sei der Bund! ja schlaget muthig ein! Wir sind ja Preußen, laßt uns Preußen sein!

Thiersch.

35. Des Deutschen Vaterland.

Mäßig.  *Volksweise von Cotta.*

1. Was ist des Deutschen Va=ter=land? Ist's Preu=ßen=land? ist's Schwa=ben=land? ist's, wo am Rhein die Rebe blüht, ist's wo am Belt die Mö=we zieht? O nein, o nein, o nein, o nein! sein Va=ter=land muß grö=ßer sein.

2. Was ist des Deutschen Vaterland? Ist's Baierland? ist's Steier=land? ist's, wo des Marsen Rind sich streckt? ist's, wo der Märker Eisen reckt? |: O nein 2c. :|

3. Was ist des Deutschen Vaterland? Ist's Pommerland? West=phalenland? ist's, wo der Sand der Dünen weht? ist's, wo die Donau brausend geht? O nein 2c.

4. Was ist des Deutschen Vaterland? So nenne mir das große Land! Ist's Land der Schweizer, ist's Tyrol? das Land und Volk gefiel mir wohl! O nein 2c.

5. Was ist des Deutschen Vaterland? So nenne mir das große Land! Gewiß, es ist das Oesterreich, an Ehren und an Siegen reich. O nein 2c.

6. Was ist des Deutschen Va=ter=land? So nen=ne end=lich

7. Das ist des Deutschen Vaterland, wo Eide schwört der Druck der Hand, wo Treue hell vom Auge blitzt und Liebe warm im Herzen sitzt: |: das soll ꝛc. :|

8. Das ganze Deutschland soll es sein! O Gott, vom Himmel sieh darein, und gieb uns rechten deutschen Muth, daß wir es lieben treu und gut! |: Das soll es sein! :| das ganze Deutschland soll es sein!

E. M. Arndt. (1813)

36. Mein deutsches Vaterland.

2. Mein Herz ist entglommen, dir treu zugewandt! |: du Land der Frei'n und Frommen, du herrlich Herrmannsland! :|

3. Ach Gott, thu' erheben mein jung Herzensblut, |: zu frischem, freud'gen Leben, zu freiem, frommen Muth! :|

4. Laß Kraft mich erwerben in Herz und in Hand, |: zu leben und zu sterben für's heil'ge Vaterland! :|

37. O Strassburg ꝛc.

Volksweise.

1. O Straßburg, o Straßburg, du wun=der=schö=ne Stadt, du wun=ber=schö=ne Stadt! dar=in=nen liegt be=gra=ben so man=ni=cher Sol=dat, dar=in=nen liegt be=gra=ben so man=ni=cher Sol=dat.

2. Ein mancher, ein schöner, |: ein wackerer Soldat, :|: der sein'n Vater und Mutter zu Haus verlassen hat. :|
3. Verlassen, verlassen, |: es kann nicht anders sein; :|: zu Straß=burg auf der Schanzen Soldaten müssen sein. :|
4. Die Mutter, die Mutter, |: die ging vor's Hauptmanns Haus: :|: „O Hauptmann, lieber Hauptmann, gieb mir mein'n Sohn heraus!" :|
5. Dein'n Sohn kann ich dir nicht geben |: um so und so viel Geld, :|: Dein Sohn und der muß sterben im weit und breiten Feld. :|
6. Im weiten, im breiten, |: allvorwärts vor den Feind, :|: wenn gleich sein' liebe Mutter so bitter um ihn weint. :|

38. Lützow's wilde Jagd.

Rasch und feurig.   C. M. v. Weber.

1. Was glänzt dort vom Wal=de im Son=nen=schein? Hör's nä=her und nä=her brausen, es zieht sich her=un=ter in

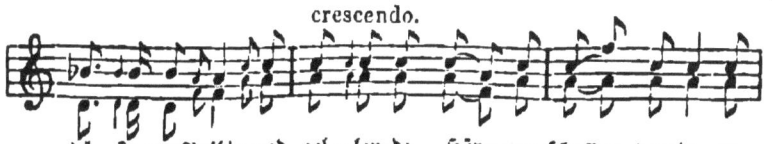

2. Was zieht dort rasch durch den finstern Wald, und streift von Bergen zu Bergen? Es legt sich in nächtlichen Hinterhalt, das Hurrah jauchzt und die Büchse knallt, es fallen die fränkischen Schergen! Und wenn ihr die schwarzen Jäger fragt: Das ist 2c.

3. Wo die Reben dort glühen, dort braust der Rhein, der Wüthrich geborgen sich meinte; da naht es sich schnell mit Gewitterschein und wirft sich mit rüst'gen Armen hinein, und springt an's Ufer der Feinde. Und wenn ihr die schwarzen Schwimmer fragt: Das ist 2c.

4. Was braust dort im Thale die wilde Schlacht, was schlagen die Schwerter zusammen? Hochherzige Reiter schlagen die Schlacht, und der Funke der Freiheit ist glühend erwacht, und lodert in blutigen Flammen. Und wenn ihr die schwarzen Reiter fragt: Das ist 2c.

5. Was scheidet dort röchelnd vom Sonnenlicht, unter winselnde Feinde gebettet? Es zuckt der Tod auf dem Angesicht, doch die wackern Herzen erzittern nicht, das Vaterland ist ja gerettet! Und wenn ihr die schwarzen Reiter fragt: Das war 2c.

6. Die wilde Jagd und die deutsche Jagd auf Henkersblut und Tyrannen. Drum, die ihr uns liebt, nicht geweint und geklagt! Das Land ist ja frei und der Morgen tagt; wenn wir's auch nur sterbend gewannen, Und von Enkeln zu Enkeln sei's nachgesagt: Das war 2c.

39. Das Heimathland.

Mäßig.   *Schweizerisches Volkslied.*

2. Wo Schalmeienklang früh den Schäfer weckt, wenn ein Nebel noch die Thäler deckt; wo auf dunklem Pfad frohe Rinder ziehn, wenn im Sonnenstrahl die Alpen glühn, dieses schöne Land ist mein Heimathland, 'sist ꝛc.

3. Wo der Gemsbock leicht über Felsen jagt, und der Büchse Knall das Echo weckt; wo dem Schweizer laut jede Scholle sagt: 'sist die Erde, die dein Liebstes deckt! Dieses schöne Land ꝛc.

40. Dem Könige.

2. Nicht Roß' und Reisige sichern die steile Höh', wo Fürsten steh'n;
Liebe des Vaterlands, Liebe des freien Manns gründen den Herrscherthron,
wie Fels im Meer.
3. Heilige Flamme glüh', glüh' und verlösche nie für's Vaterland!
Wir alle stehen dann muthig für einen Mann, kämpfen und bluten gern
für Thron und Reich!
4. Handlung und Wissenschaft heben mit Muth und Kraft ihr Haupt
empor! Krieger und Heldenthat finden ihr Lorbeerblatt treu aufgehoben
dort an deinem Thron!
5. Sei, Friedrich Wilhelm, hier lang deines Volkes Zier, der Menschheit Stolz! Fühl' in des Thrones Glanz die hohe Wonne ganz; Liebling des Volks zu sein! Heil, König, dir! H. Harries.

41. Königslied.

schehn, wir können ru-hig schla-fen gehn.

2. Es steht ein Fels im weiten Meer, es tobt und stürmt und stöhnt umher; |: doch ob sich Wog' an Woge bricht, fest steht der Fels und wanket nicht. :|

3. Es steht ein Baum in Gottes Hand, der nährt und schirmt ein ganzes Land; |: Für sechszehn Millionen ja ist Blüth' und Frucht und Schatten da. :|

4. Heil, Heil dem König, unserm Herrn! Er ist der Fels, der Baum, der Stern; |: Auf, jauchz' und wirble Sang und Klang: Er lebe hoch, er lebe lang! :|

42. Das Lied vom Feldmarschall.

Marschmäßig.   Volksweise. L. Erk.

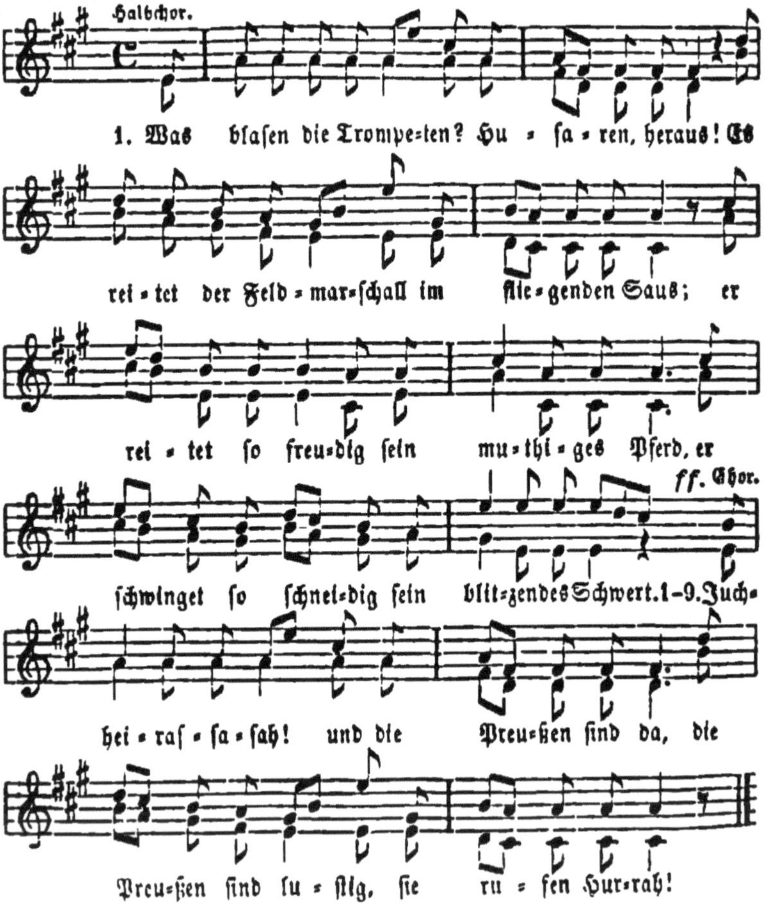

1. Was blasen die Trompeten? Hu-sa-ren, heraus! Es reitet der Feld-mar-schall im flie-genden Saus; er reitet so freudig sein mu-thi-ges Pferd, er schwinget so schnel-dig sein blitzendes Schwert. 1-9. Juch-hei-ras-sa-sah! und die Preußen sind da, die Preußen sind lu-stig, sie ru-fen Hurrah!

2. O schauet, wie ihm leuchten die Augen so klar! o schauet, wie ihm wallet sein schneeweißes Haar! So frisch blüht sein Alter, wie greisender Wein, drum kann er Verwalter des Schlachtfeldes sein! ꝛc.

3. Der Mann ist er gewesen, als Alles versank, der muthig auf gen Himmel den Degen noch schwang; da schwur er beim Eisen gar zornig und hart, den Wälschen zu weisen die echt deutsche Art. ꝛc.

4. Den Schwur hat er gehalten. Als Kriegsruf erklang, hei! wie der weiße Jüngling in'n Sattel sich schwang! Da ist er's gewesen, der Kehraus gemacht, mit eisernem Besen das Land rein gemacht ꝛc.

5. Bei Lützen auf der Aue er hielt solchen Strauß, daß vielen tausend Wälschen der Athem ging aus; viel Tausende liefen dort hasigen Lauf; Zehntausend entschliefen, die nie wachen auf ꝛc.

6. Am Wasser der Katzbach er's auch hat bewährt, da hat er den Franzosen das Schwimmen gelehrt: Fahrt wohl, ihr Franzosen, zur Ostsee hinab! und nehmt, Ohnehosen, den Wallfisch zum Grab. ꝛc.

7. Bei Wartburg an der Elbe, wie fuhr er hindurch! da schirmte die Franzosen nicht Schanze noch Burg; da mußten sie springen, wie Hasen über's Feld, und hell ließ erklingen sein Hussah! der Held ꝛc.

8. Bei Leipzig auf dem Plane, o herrliche Schlacht! da brach er den Franzosen das Glück und die Macht; da lagen sie sicher nach blutigem Fall, da ward der Herr Blücher ein Feldmarschall. ꝛc.

9. Drum blaset, ihr Trompeten! Husaren heraus! Du reite, Herr Feldmarschall, wie Winde im Saus! Dem Siege entgegen zum Rhein über'n Rhein, du tapferer Degen, in Frankreich hinein! ꝛc.

E. M. Arndt (1813).

43. Der apostolische Gruss.

Sonst in D.

Die Gna-de un-sers Herrn Je-su Chri-sti, und die Lie-be Got-tes und die Ge-meinschaft des heil'-gen Gei-stes sei mit uns Al-len, mit uns Al-len A-men.

44. Seligkeit in Jesu.

Choralmäßig. — Breitenstein.

1. Wenn ich ihn nur habe, wenn er mein nur ist; wenn mein Herz bis hin zum Grabe sei-ne Treu-e nie vergißt, weiß ich Nichts von Lei-de, füh-le Nichts als Andacht, Lieb' und Freu-de.

2. Wenn ich ihn nur habe, laß ich Alles gern, folg' an meinem Wanderstabe treu gesinnt nur meinem Herrn; lasse still die Andern breite lichte, volle Straße wandern.

3. Wo ich ihn nur habe, ist mein Vaterland, und es fällt mir jede Gabe wie ein Erbtheil in die Hand; längst vermißte Brüder find' ich nun in seinen Jüngern wieder.

Frh. v. Hardenberg, gen. Novalis.

45. Gebet.

Langsam. — Nach G. Hauer.

1. Ver-laß mich nicht, ver-laß mich nicht, o du, zu dem ich fle-he, ver-laß mich nicht. Mein

Au - ge blickt zu dei-nen heil'-gen Hö-hen,
traut
dir traut mein Herz mit Kindes - zu - ver - sicht. Ver-
laß mich nicht, ver - laß, ver-laß mich nicht.

2. Verlaß mich nicht, :| du kennest meine Sorgen, verlaß mich nicht. Sanft ruht mein Haupt in deinem Schooß geborgen, wenn mich der Strahl der Mittagssonne sticht. |: Verlaß mich nicht. :|

3. Verlaß mich nicht, :| hilf, daß ich Alles trage. Verlaß mich nicht; und naht sich dann der Abend meiner Tage, dann leuchte mir dein Vater-angesicht. |: Verlaß mich nicht. :|

46. Hier liegt vor deiner Majestät.

1. {Hier liegt vor deiner Ma-je-stät im Staub die Christen-
   das Herz zu dir, o Gott, erhöht, die Au - gen zum Al-
schaar,} {Schenk uns, o Va-ter, dei-ne Huld, } { o
tar.   {ver - gieb uns unsre Sündenschuld;} {ver-
Gott, von dei - nem An-gesicht} ver - stoß uns n'cht, ver-
stoß uns ar - me Sünder nicht,}
stoß uns Sün - der nicht.

2. Wir haben, Herr, dein Gut verschwendt't, wie der verlorne Sohn, die Sünde hat uns so verblend't, doch schau von deinem Thron mitleidig her auf unsern Schmerz, verwirf nicht ein zerrissen Herz! Entzieh die Vaterhuld uns nicht und neig' zu uns dein Angesicht, dein Angesicht, dein göttlich Angesicht.

3. Wir sind, Herr, deiner Hände Werk, der Schöpfung unterthan, verleih' uns Schwachen Kraft und Stärk', sieh uns in Gnaden an. Wir bringen hier vor dem Altar dir ein reumüthig Herze dar. O Gott, der Werth des Bluts ist groß, das einst dein Sohn für uns vergoß, für uns vergoß, am Kreuz für uns vergoß.

47. Der Ambrosianische Lobgesang.

1. Großer Gott, wir loben dich!
Vor dir neigt die Erde sich,
Herr, wir preisen deine Stärke!
und bewundern deine Werke.
Wie du warst vor aller Zeit,
so bleibst du in Ewigkeit.

2. Alles, was dich preisen kann, Cherubim und Seraphinen stimmen dir ein Loblied an. Alle Engel, die dir dienen, rufen dir, stets ohne Ruh: Heilig, heilig, heilig zu.

3. Auf dem ganzen Erdenkreis loben Große und auch Kleine dich, Gott, Vater; dir zum Preis singt die heilige Gemeinde! Sie singt Lob auf seinem Thron deinem eingebornen Sohn.

4. Alle Tage wollen wir dich und deinen Namen preisen, und zu allen Zeiten dir Ehre, Lob und Dank erweisen. Gieb, daß wir von Sünden heut und vom Unfall sei'n befreit!

5. Herr, erbarm', erbarme dich! Ue er uns, Herr, sei dein Segen! Leit' und schütz' uns väterlich; sieh' uns bei auf allen Wegen! Auf dich hoffen wir allein: laß uns nicht verloren sein.

48. Der Gottesacker.

2. Du Gott, Versöhner, wardst auch in's Grab versenkt, da du am Kreuze hattest für uns vollbracht. Nicht zum Verwesen lagst du, Heiliger, zum großen Lohne erstandst du wieder.

3. O, wenn auch wir ruh'n, wie all' die Seligen, und hier bestehen den schweren Lebenskampf; dann wirst, Erlöser, du uns rufen aus unsern Gräbern zum ew'gen Lohne.

49. Auferstehungsgesang.

Le = ben wird, der dich schuf, dir ge = ben. Hal =
le = lu = jah, Hal = le = lu = jah.

2. Wieder aufzublüh'n werd' ich gesä't; der Herr der Ernte geht und sammelt Garben uns ein, uns ein, die starben. Hallelujah, Hallelujah.

3. Tag des Danks, der Freudenthränen Tag! Du meines Gottes Tag! Wenn ich im Grabe genug geschlummert habe, erweckst du mich, erweckst du mich.

50. Gebet.

Langsam.

1. Gott, dei=ne Kinder tre=ten mit Freuden zu dir hin, sie stam=meln und sie be=ten, du kennst der Wor=te Sinn.

2. O Gott, der in den Höhen und in den Tiefen wohnt; laß kind= lich uns verstehen, was überschwenglich lohnt.

3. Gieb Kindesherz und Worte bei Kindes=Freudigkeit, daß sich des Himmels Pforte uns öffne jederzeit.

51. Die heilige Nacht.

Sehr mäßig.   Volkslied. (M. Haydn.)

1. Stil = le Nacht, hei = li = ge Nacht, Al = les schläft,

2. Stille Nacht, heilige Nacht! Hirten erst kund gemacht; durch der Engel Hallelujah tönt es laut von fern und nah: |: Christ, der Retter ist da. :|

3. Stille Nacht, heilige Nacht! Gottes Sohn, o wie lacht Lieb' aus deinem göttlichen Mund, da uns schlägt die rettende Stund', |: Christ, in deiner Geburt. :|

52. In der Christnacht.

be-ten, o laſ-ſet uns an - be-ten den Kö - nig.

2. König der Ehren, Herrſcher der Heerſchaaren, dich trug der Jungfrauen reiner Schooß, dich, wahrer Gott von Ewigkeit geboren. |: O laſſet uns anbeten. :|

3. Kommt, ſinget dem Herren, o ſingt ihm, Engelchöre, frohlocket, frohlocket ihr Seligen: Ehre ſei Gott im Himmel und auf Erden. |: O laſſet uns anbeten. :|

4. Du, der du heute biſt für uns geboren, Jeſu, Preis ſei dir und Ehre und Ruhm! dir Fleiſch geword'nes Wort des ew'gen Vaters. |: O laſſet uns anbeten. :|

Langſam. **53. Die drei chriſtlichen Feſte.** Volksweiſe.

1. O du fröh-li - che, o du ſe - li - ge, gna-den - brin-gen - de Weihnachts-zeit. Welt ging ver- lo - ren, Chriſt ward ge - bo - ren: Freu - e, freu - e dich, o Chri-ſten - heit!

2. O du fröhliche, o du ſelige, gnadenbringende Oſterzeit! Welt lag in Banden, Chriſt iſt erſtanden: Freue, freue dich, o Chriſtenheit!

3. O du fröhliche, o du ſelige, gnadenbringende Pfingſtenzeit! Chriſt, unſer Meiſter, heiligt die Geiſter: Freue, freue dich, o Chriſtenheit!

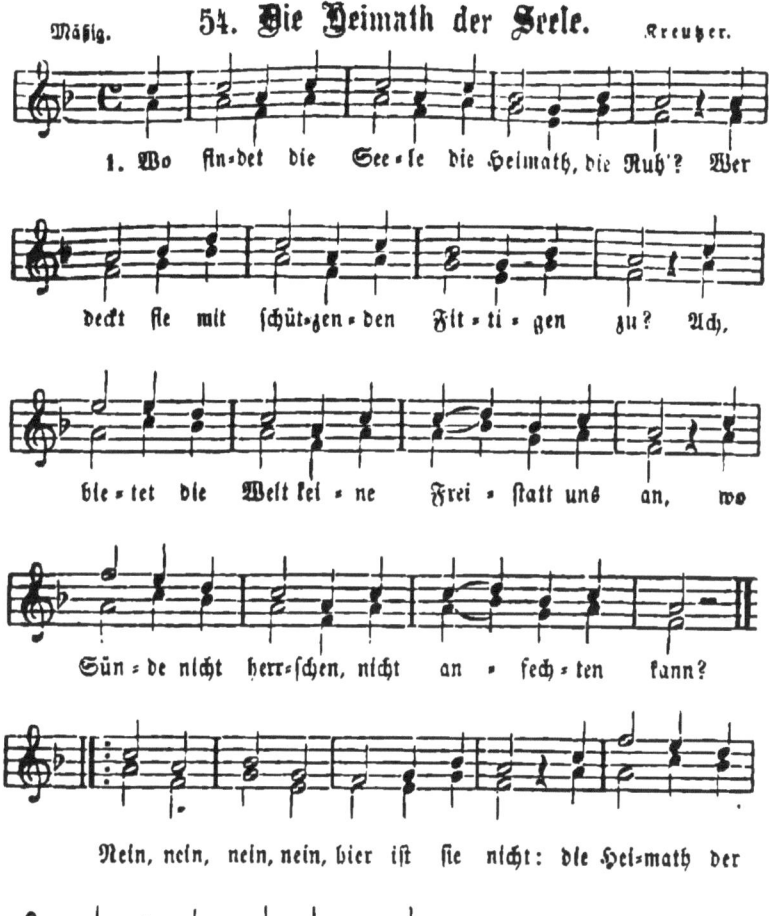

54. Die Heimath der Seele.

Mäßig.   Kreußer.

1. Wo fin-det die See-le die Heimath, die Ruh'? Wer deckt sie mit schüt-zen-den Fit-ti-gen zu? Ach, bie-tet die Welt kei-ne Frei-statt uns an, wo Sün-de nicht herr-schen, nicht an-fech-ten kann? Nein, nein, nein, nein, hier ist sie nicht: die Heimath der See-le ist dro-ben im Licht.

2. Verlasse die Erde, die Heimath zu seh'n, die Heimath der Seele, so herrlich, so schön! Jerusalem droben, von Golde erbaut, ist dieses die Heimath der Seele, der Braut? Ja, ja, ja, ja, dieses allein kann Ruhplatz und Heimath der Seele nur sein!

3. Wie selig die Ruhe bei Jesu im Licht! Tod, Sünde und Schmerzen, die kennt man dort nicht! Das Rauschen der Harfen, der liebliche Klang bewillkommt die Seele mit süßem Gesang. Ruh', Ruh', Ruh', Ruh', himmlische Ruh' im Schooße des Mittlers, ich eile dir zu!

---

55. Die drei schönsten Lebensblumen.

Mäßig.   *Kreutzer.*

1. Was ist das Köstlich=ste auf die=ser Welt? was hält uns auf=recht im Gewand von Staube? was ist's, das hier schon Engeln uns ge=sellt? Es ist das gei=stig Herr=lich=ste, der Glaube; es ist das gei=stig Herrlichste, der Glaube! der Glau=be! es ist das gei=stig Herr=lich=ste, der
ritard.
Glau = be.

2. Wodurch sind wir dem Schöpfer selbst verwandt? Wie nennen wir den süßesten der Triebe? Was ist der Zukunft Freuden schönstes Pfand? |: Es ist des Herzens Seligkeit, die Liebe, :| die Liebe, es ist des Herzens Seligkeit, die Liebe.

3. Was mahnt in Leiden sanft uns zur Geduld? Wodurch seh'n wir hier schon den Himmel offen? Was ist des ew'gen Vaters höchste Huld? |: Es ist der Seele reinste Labung: Hoffen! :| das Hoffen! Es ist der Seele reinste Labung: Hoffen!

4. O möchten doch durch jeden Lebenskranz sich diese Blumen fromm und freudig winden! In ihrem milden, nie umwölkten Glanz |: läßt sich das Paradies leicht wieder finden, :| leicht finden, läßt sich das Paradies leicht wieder finden.

56. Heimkehr nach Jerusalem.

Mäßig. — Voigtländer.

1. Laßt mich geh'n, laßt mich geh'n, daß ich Jesum mö-ge seh'n! Mei-ne Seel' ist voll Ver-langen, ihn auf e-wig zu um-fan-gen und vor sei-nem Thron zu steh'n.

2. Süßes Licht, :| Sonne, die durch Wolken bricht, o wann werd' ich dahin kommen, daß ich dort mit allen Frommen schau' dein holdes Angesicht?

3. Ach wie schön :| ist der Engel Lobgetön! |: Hätt' ich Flügel :| flög' ich über Thal und Hügel heute noch nach Zions Höh'n.

4. Wie wird's sein, :| wenn ich zieh in Salem ein, in die Stadt der goldnen Gassen! Herr, mein Gott, ich kann's nicht fassen, was wird das für Wonne sein.

Knak.

57. Gebet.

Langsam. pp — C. M. v. Weber

1. Lei-se, lei-se, from-me Weise, schwing' dich

2. Zu dir wende ich die Hände, Herr ohn' Anfang und ohn' Ende! Vor Gefahren uns zu wahren, sende deine Engelschaaren, die Engelschaaren!
Fr. Kind.

ih - rer Ruh; und der gan-zen Schöpfung Wonne strömt ver-jüngt uns wie - der zu.

2. Lobt den Herrn, lobt den Herrn! In frühen Düften lobet ihn der Blumen Flor; auf den Wipfeln, in den Lüften singet ihm der Vögel Chor!

3. Lobt den Herrn, lobt den Herrn! Aus seiner Höhle brüllt das Wild ihm seinen Dank: o, vor Allen, meine Seele, tön' ihm früh dein Lobgesang!

b. Erntefest-Gesang.

1. Dankt dem Herrn! dankt dem Herrn! mit frohen Gaben füllt und schmücket er das Land; alles, alles, was wir haben, kommt aus seiner Vaterhand!

2. Dankt dem Herrn! dankt dem Herrn! er giebt uns Leben, giebt uns Segen und Gedeih'n, schenkt uns Brod und Saft der Reben, uns zu stärken, zu erfreu'n.

3. Dankt dem Herrn! dankt dem Herrn! Vergiß, o Seele, deines milden Vaters nie; werd' ihm ähnlich und erzähle seine Wunder spät und früh.

c. Adventslied.

1. Lobt den Herrn! lobt den Herrn! die Gnadensonne gehet auf mit hellem Schein, und des Himmelreiches Wonne strömt mit hellem Licht herein.

2. Lobt den Herrn! lobt den Herrn! Aus Gottes Höhen wallt herab sein Friedensbund; Paradieses Lüfte wehen wieder neu durch's Erdenrund.

3. Lobt den Herrn! lobt den Herrn in Jubelpsalmen! der die Sünder nicht verließ. Seht, des ew'gen Lebens Palme blüht im neuen Paradies.

Langsam.   ### 59. Danklied.   G. Schulz.

1. Dan-ket dem Herrn! Wir dan-ken dem Herrn, denn

er ist freundlich und sei-ne Gü-te wäh-ret

e-wig-lich.

2. Lobet den Herrn! Ja lobe den Herrn auch meine Seele, vergiß es nie, was er dir Gut's gethan.

3. Sein ist die Macht! Allmächtig ist Gott, sein Thun ist weise, und seine Huld wird jeden Morgen neu.

4. Groß ist der Herr! Ja groß ist der Herr; sein Nam' ist heilig, und alle Welt ist seiner Ehre voll.

5. Anbetung ihm! Anbetung dem Herrn; mit hoher Ehrfurcht werd' auch von uns sein Name stets genannt.

6. Lobsinget ihm! Wir lobsingen ihm in frohen Chören, und er vernimmt auch unsern Lobgesang.

Anhang.

Rhythmische Choräle

1. Herr Jesu Christ, dich rc.

Herr Je-su Christ, dich zu uns wend', dein'n heil'-gen Geist du zu uns send'; mit Hilf' und Gnad' er uns re-gier', und uns den Weg zur Wahrheit führ'.

2. Wach' auf, mein Herz rc.

Wach' auf, mein Herz und sin-ge dem Schöpfer al-ler Dinge, dem Geber aller Güter, dem frommen Menschenhüter.

3. O Jesu Christe, wahres Licht rc.

O Je-su Christe, wahres Licht, er-leuch-te die dich ken-nen nicht und bringe sie zu deiner Heerd', dass ih-re Seel' auch se-lig werd'.

4. Herzliebster Jesu ꝛc.

5. Erschienen ist der herrlich' Tag ꝛc.

6. Gott des Himmels ꝛc.

13. Herzlich thut mich verlangen ic.

14. Freu' dich sehr ic.

15. Nun danket alle Gott rc.

{Nun dan=set al = le Gott mit Her=zen, Mund und
 der gro=ße Din=ge thut an uns und al=len
Händen,} der uns vom Mutterleib und Kindesbeinen an
Enden,}
un=zäh=lig viel zu gut und noch jetzund ge=than.

16. Was mein Gott will rc.

{Was mein Gott will, das g'scheh' all = zeit, sein Will' der
 zu hel = fen den'n er ist be = reit, die an ihn
ist der be = ste;} Er hilft aus Noth, der fromme Gott,
glauben fe = ste;}
und züch=ti=get mit Ma=ßen. Wer Gott ver=traut, fest
auf ihn baut, den will er nicht ver=las = sen.

17. Aus meines Herzens Grunde rc.

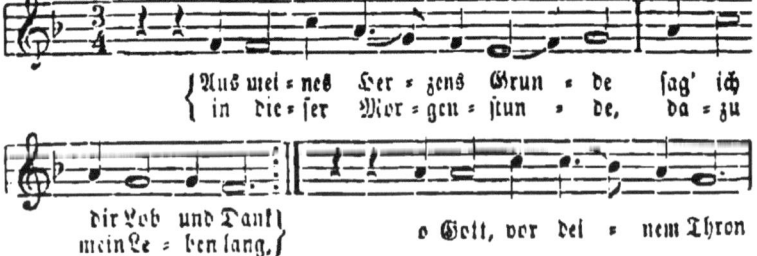

{Aus mei=nes Her = zens Grun = de sag' ich
 in die=ser Mor = gen = stun = de, da=zu
dir Lob und Dank}
mein Le = ben lang,} o Gott, vor dei = nem Thron

20. Ein Lämmlein geht ꝛc.

{ Ein Lämmlein geht und trägt die Schuld der Welt und ih= rer
  es geht und trä=get in Ge=duld, die Sünden al=ler
Kinder,
Sünder; } es geht da=hin, wird matt und krank, er=giebt sich
auf die Würgebank, entzieht sich al=ler Freuden; es nimmt an
sich Schmach, Hohn und Spott, Angst, Wunden, Striemen, Kreuz
und Tod, und spricht: ich will's gern lei • • ben.

21. Wie schön leuchtet der Morgenstern ꝛc.

{ Wie schön leuch=tet der Mor=gen=stern, voll Gnad' und
  Du Sohn Davids, aus Ja=kobs Stamm, mein Kö=nig
Wahr=heit von dem Herrn, die sü=ße Wur=zel Jes=se! }
und mein Bräu=ti=gam, hast mir mein Herz be=ses=sen,
lieb=lich, freundlich, schön und herr=lich, groß und ehr=lich, reich
an Ga=ben, hoch und sehr prächtig er=ha=ben

Alphabetisches Register.

	Nro.
Auf den Schnee, auf den Schnee	20
Auferstehn, ja auferstehn	49
Danket dem Herrn	59
Der alte Barbarossa	29
Der Mai ist gekommen	23
Des Sommers letzte Rose	26
Die Gnade unsers Herrn Jesu Christi	43
Dort unten in der Mühle	13
Drunten im Unterland	11
Es gingen drei Jäger	18
Es ist bestimmt in Gottes Rath	7
Es scheint ein Stern in dunkler Nacht	41
Es wird mein Herz voll Traurigkeit	9
Geh aus, mein Herz	25
Gott, deine Kinder treten	50
Grosser Gott, wir loben dich	47
Heil dir im Siegerkranz	40
Herbei, o ihr Gläubigen	52
Hier liegt vor deiner Majestät	46
Hinaus, ach hinaus	32
Hoch vom Sentis an	39
Ich bin ein Preuße	34
Ich hab' mich ergeben	36
Ich weiß nicht, was soll es bedeuten	15
In der Heimath ist es schön	2
Kennt ihr das Land	31
Komm, lieber Mai	21
Laß mich nur fliegen hin	6
Laßt mich geh'n	56
Leise, leise	57
Lobt den Herrn	58
Nachtigall, Nachtigall	5
Nun ade, du mein lieb Heimathland	8
O du fröhliche, o du selige	53
O Straßburg, o Straßburg	37
Preisend mit viel schönen Reden	4
Seht die Lilien auf dem Felde	22
Schier dreißig Jahre bist du alt	30
Sohn, da hast du meinen Speer	28
Stille Nacht, heilige Nacht	51
Tage der Wonne	24
Traute Heimath meiner Lieben	10
Unsern Fürsten, Gott, erhalte	33
Unter allen Wipfeln ist Ruh'	19
Verlaß mich nicht	45
Von meinen Bergen muß i scheide	14
Was blasen die Trompeten	42

	Nro.
Was glänzt dort vom Walde im Sonnenschein	38
Was ist das Köstlichste auf dieser Welt	55
Was ist des Deutschen Vaterland	35
Wenn die Schwalben heimwärts zieh'n	17
Wem Gott will rechte Gunst erweisen	3
Wenn ich ihn nur habe	44
Wie freundlich lacht dem jungen Sinn	1
Wie sie so sanft ruh'n	48
Willkommen, o seliger Abend	16
Wo findet die Seele die Heimath, die Ruh'	54
Wohlauf noch getrunken	12
Zu Mantua in Banden	27

Register der rhythmischen Choräle.

Aus meines Herzens Grunde	17
Aus tiefer Noth schrei ich zu dir	11
Allein Gott in der Höh' sei Ehr'	10
Ein' feste Burg ist unser Gott	19
Ein Lämmlein geht und trägt die Schuld	20
Erschienen ist der herrlich' Tag	5
Freu dich sehr, o meine Seele	14
Gott des Himmels und der Erden	6
Herr Jesu Christ, dich zu uns wend'	1
Herzlich thut mich verlangen	13
Herzliebster Jesu	4
Jesu, geh' voran	8
Lobe den Herren, den mächtigen König der Ehren	9
Mir nach, spricht Christus	7
Nun lob mein Seel' den Herren	24
Nun singet und seid froh	12
Nun danket alle Gott	15
O Ewigkeit, du Donnerwort	22
O Jesu Christe, wahres Licht	3
Schmücke dich, o liebe Seele	18
Wach' auf, mein Herz, und singe	2
Wachet auf, ruft uns die Stimme	23
Was mein Gott will	16
Wie schön leuchtet der Morgenstern	21

Druck von Carl Krummholz in Berlin.

Volksweisen.

Für die reifere Jugend

gesammelt und eingerichtet

von

C. H. Voigt,
Cantor in Vetschau.

Zweites Heft.
Dritte Auflage.

Nebst einem Anhange, enthaltend 4 verschiedene Liturgien.

Berlin 1879.
M. Bahn, Verlag (früher T. Trautwein)
Königl. Hof-Buch- und Musikhändler.

1. Frühlingslied.

1. Al-les neu macht der Mai, macht die See-le frisch und frei. Laßt das Haus! Kommt hin-aus! Windet einen Strauß! Rings erglän-zet Son-nen-schein, duftend pran-get Flur und Hain; Vögelsang, Hörnerklang tönt den Weg ent-lang.

2. Wir durchzieh'n Saaten grün, Haine, die ergötzend blüh'n, Waldespracht, neu gemacht nach des Winters Nacht. Dort im Schatten an dem Quell, rieselnd munter, silberhell, Klein und Groß ruht im Moos, wie im weichen Schooß.

3. Hier und dort, fort und fort, wo wir ziehen, Ort für Ort, Alles freut sich der Zeit, die verschönt, erneut. Wiederschein der Schöpfung blüht, uns erneuernd im Gemüth. Alles neu, frisch und frei macht der holde Mai.

Fr. v. Kapff.

2. Wanderlied.

Fröhlich bewegt. Fröhlich.

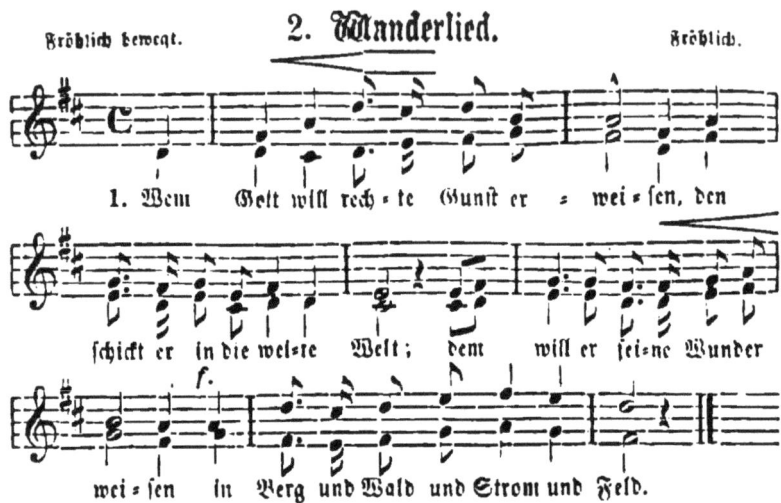

1. Wem Gott will rech=te Gunst er=wei=sen, den
schickt er in die wei=te Welt; dem will er sei=ne Wunder
f.
wei=sen in Berg und Wald und Strom und Feld.

2. Die Bächlein von den Bergen springen, die Lerchen jubeln hoch vor Lust; was sollt' ich nicht mit ihnen singen aus voller Kehl' und frischer Brust?

3. Den lieben Gott laß ich nur walten, der Bächlein, Lerchen, Wald und Feld, und Erd' und Himmel will erhalten, hat auch mein' Sach' auf's Best' bestellt!

---

3. 's Mailüfterl.

Getragen. Volksweise.

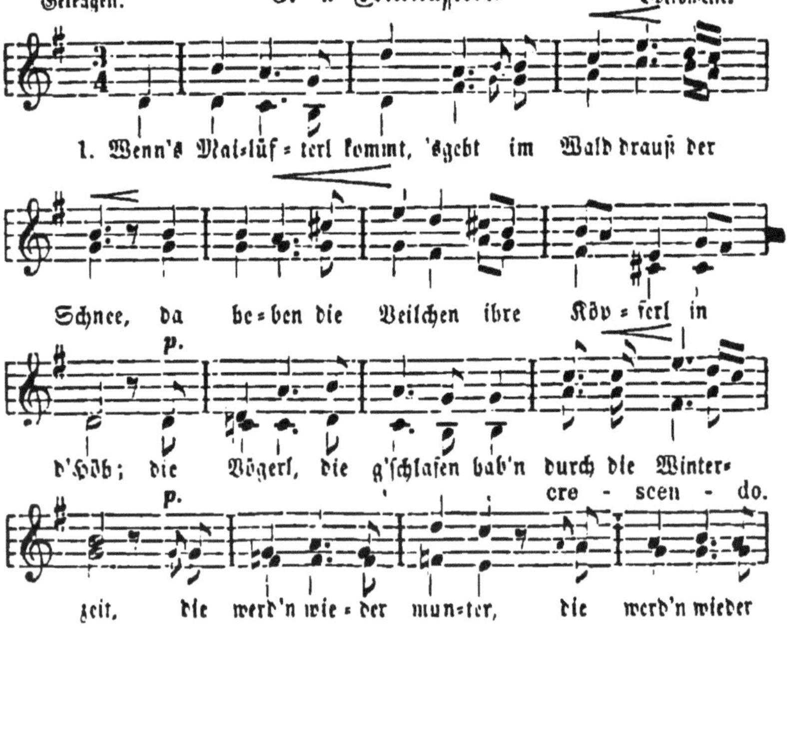
1. Wenn's Mai=lüf=terl kommt, 's gebt im Wald drauß der
Schnee, da he=ben die Veilchen ihre Köp=ferl in
p.
d'Höh; die Vögerl, die g'schlafen hab'n durch die Winter=
p.
cre - scen - do.
zeit, die werd'n wie=der mun=ter, die werd'n wieder

2. Jed's Jahr kommt der Frühling, ist der Winter vorbei; der Mensch aber hat nur einen einzigen Mai. Die Schwalben flieg'n fort, doch sie zieh'n wieder her; |: nur der Mensch, wenn der fortgeht, :| der kommt nimmer mehr! Nur der Mensch, wenn der fortgeht, der kommt nimmer mehr!

4. Der Jäger Abschied.*)
Mendelssohn-Bartholdy.

1. Wer hat dich, du schö-ner Wald, auf-ge-baut so hoch da droben? Wohl den Meister will ich loben, so lang' noch mein' Stimm' er-schallt, wohl den Meister will ich lo-ben, so lang noch mein'Stimm' er-schallt: Le-be wohl! le-be wohl! le-be wohl! le-be wohl! le-be wohl! du schö-ner

---
*) Mit besonderer Erlaubniß des Original-Verlegers Fr. Kistner in Leipzig.

Wald! le = be wohl! le = be wohl! du schö = ner Wald!

2. Iief die Welt verworren schallt, oben einsam Rehe grasen, |: und wir ziehen fort und blasen, daß es tausendfach verhallt :| Lebe wohl! lebe wohl! 2c.

3. Was wir still gelobt im Wald, wollen's draußen ehrlich halten, |: ewig bleiben treu die Alten, bis das letzte Lied verhallt; |: Lebe wohl! lebe wohl! .· .· |: Schirm' dich Gott, schirm' dich Gott, du deutscher Wald! :|

5. Abschied vom Wald.*)

Andante non lento.   Mendelssohn-Bartholdy.

1. O Thä=ler weit, o Hö=hen, o schöner, grü=ner Wald, du mei=ner Lust und We=hen an=dächt'ger Auf=ent=halt. Da draußen stets be=tro=gen, saust die ge=schäft'=ge Welt, schlag' noch ein=mal die Bo=gen um mich, du grünes Zelt, schlag' noch ein=mal die Bo=gen um

*) Mit besonderer Erlaubniß der Original-Verleger Breitkopf u. Härtel in Leipzig.

mich, du grü=nes Zelt.

2. Im Walde steht geschrieben ein stilles, ernstes Wort vom rechten Thun und Lieben, und was des Menschen Hort. Ich habe treu gelesen die Worte schlicht und wahr, |: und durch mein ganzes Wesen ward's unaussprechlich klar. :|

3. Bald werd' ich dich verlassen, fremd in die Fremde geh'n, auf bunt bewegten Gassen des Lebens Schauspiel seh'n. Und mitten in dem Leben wird deines Ernst's Gewalt |: mich Einsamen erheben, so wird mein Herz nicht alt. :|

6. Chor aus der „Zauberflöte."

Andante.   Mozart.

Bald prangt den Mor=gen zu ver=kün=den die

Sonn' auf gold=ner Bahn; bald soll die Nacht, die düst=re

schwinden, der Tag der Weis=heit nahn. O

hol=de Ru=he, steig' her=nie=der, kehr' in der

Men=schen Her=zen wie=der! Dann ist die Erd' ein Himmel-

Schikaneder.

7. Zufriedenheit.

1. Was frag' ich viel nach Geld und Gut, wenn ich zufrieden bin!
Giebt Gott mir nur gesundes Blut, so hab' ich frohen Sinn,
und sing' aus dankbarem Gemüth mein Morgen-

und mein Abendlied.

2. So mancher schwimmt im Ueberfluß, hat Haus und Hof und Geld, und ist doch immer voll Verdruß und freut sich nicht der Welt: je mehr er hat, je mehr er will, nie schweigen seine Klagen still.

3. Ist gleich die Welt ein Jammerthal, so ist sie doch auch schön, hat Freuden ohne Maaß und Zahl, läßt keinen leer ausgehn. Das Käferlein, das Vögelein darf sich ja auch des Maien freu'n.

4. Und uns zu Liebe schmücken ja sich Wiese, Berg und Wald; und Vögel singen fern und nah, daß Alles wiederhallt. Bei Arbeit singt die Lerch' uns zu, die Nachtigall bei süßer Ruh'!

5. Und wenn die goldne Sonn' aufgeht und golden wird die Welt, wenn Alles in der Blüthe steht und Aehren trägt das Feld; dann denk' ich: Alle diese Pracht hat Gott zu meiner Lust gemacht.

6. Dann preis' ich laut und lobe Gott und schweb' in hohem Muth, und denk': Er ist ein lieber Gott und meint's mit Menschen gut! — Drum will ich immer dankbar sein und mich der Güte Gottes freu'n.

M. Miller.

8. Vögleins Botschaft.

2. Lieber Vogerl, flieg' weiter, nimm a Gruß mit und a Kuß! Ach i kann di nit begleiten, weil i hierblaibi muß. La, la ꝛc.

9. O hätt' ich so ein Stimmlein.

2. Ich flög' bis in den Himmel auf und säng', so hell ich kann, auf einem Silberwölkchen drauf wie froh mein Liedchen dann.

3. Und sang bis in die Nacht hinein, wie Gott der Herr uns liebt, der uns den Früh- und Spätrothschein und auch die Wolken giebt.
4. Da riefen alle Leute froh: Wie das so herrlich klingt! Es klingt so hell, es klinget so, als ob ein Engel fingt.
5. Nur weil ich Gottes Liebe sang, klang es so fröhlich euch, war eines kleinen Vögleins Sang so hold, so engelgleich.

Klette.

10. Der Tannenbaum.

Mäßig. — Volksweise.

1. O Tannenbaum, o Tannenbaum! wie treu sind deine Blätter! Du grünst nicht nur zur Sommerzeit, nein, auch im Winter, wenn es schneit. O Tannenbaum, o Tannenbaum! wie treu sind deine Blätter!

2. O Tannenbaum, o Tannenbaum! du kannst mir sehr gefallen; wie oft hat nicht zur Weihnachtszeit ein Baum von dir mich hocherfreut! O Tannenbaum, o Tannenbaum! du kannst mir sehr gefallen.

3. O Tannenbaum, o Tannenbaum! dein Kleid will mich was lehren: die Hoffnung und Beständigkeit giebt Trost und Kraft zu jeder Zeit. O Tannenbaum, o Tannenbaum! dein Kleid will mich was lehren.

4. O Tannenbaum, o Tannenbaum! wie reich bist du geschmücket mit goldnen Nüssen, Aepfeln roth, mit Blumen und mit Zuckerbrot! O Tannenbaum, o Tannenbaum! wie reich bist du geschmücket!

5. O Tannenbaum, o Tannenbaum! wie strahlest du so helle: Vom Fuße bis zum Gipfel schön ist lauter Glanz an dir zu seh'n. O Tannenbaum, o Tannenbaum! wie strahlest du so helle!

6. O Tannenbaum, o Tannenbaum! wer hat dich so gezieret? Dich hat der Liebe Wundermacht zum allerschönsten Baum gemacht. O Tannenbaum, o Tannenbaum! die Lieb' hat dich gezieret.

7. O Tannenbaum, o Tannenbaum! ließ ich gleich dir mich schmücken! Die Liebe Gottes macht aus mir auch eine Paradieses-Zier. O Tannenbaum, o Tannenbaum! ließ ich gleich dir mich schmücken!

11. Abschied von der Heimath

2. Lebet wohl, ihr meine Rosen im Garten und ihr, meine Blümelein! Darf euch jetzt nicht weiter pflegen und warten, denn es muß geschieden sein. Lieben Blümlein, weint mit mir, heute scheid' ich von hier. Drum ade, so lebet wohl! Drum ade 2c.

3. Lebet wohl, ihr grünen blumigen Felder, wo ich manches Sträußchen band! Lebet wohl, ihr Büsche, Lauben und Wälder, wo ich kühlen Schatten fand. Berg und Thäler, stille Au'n werd' euch nimmermehr schau'n! Drum ade, so lebet wohl! Drum ade 2c.

4. Lebet wohl, so ruf' ich traurig hernieder, ruf's vom Berg herab in's Thal. Heimath, Heimath, seh' ich nimmer dich wieder! seh' ich dich zum letzten Mal! Dunkel wird es rings umher, und mein Herz ist so schwer. Drum ade, so lebe wohl! Drum ade, ade 2c

H. Hoffmann v. Fallersleben.

12. Glück der Genügsamkeit.

Sehr mäßig.   *Volksweise.*

1. Freund, ich bin zufrieden, geh' es, wie es will! unter meinem Dache leb' ich froh und still. Mancher Mensch hat Alles, was sein Herz begehrt; doch ich kann entbehren, das ist Goldes werth.

2. Leuchten keine Kerzen um mein Abendmahl, funkeln fremde Weine nicht im Goldpokal: findet sich doch immer, was man braucht zur Noth; süßer schmeckt im Schweiße mir mein Stückchen Brot.

3. Schallet auch mein Name nicht in ferne Land', schmücken mich nicht Titel, Stern und Ordensband; nur des Herzens Adel sei mein' höchste Lust und zum Wohl der Brüder athme meine Brust!

4. Geben auch Paläste mir mein Obdach nicht; auch in meine Hütte scheint der Sonne Licht. Wo die Freude wohnet, wohnt und schläft man froh, ob auf Eiderdunen oder auf dem Stroh.

5. Keine Pyramide zieret einst mein Grab, und auf meinem Sarge prangt kein Marschallsstab: Friede aber wehet um mein Leichentuch; ein paar Freunde weinen und das ist genug.

---

13. Gesellschaftslied.

Fröhlich.   F. A. Hoffmeister.

1. O wie lieblich ist's im Kreis trauter Bieder=

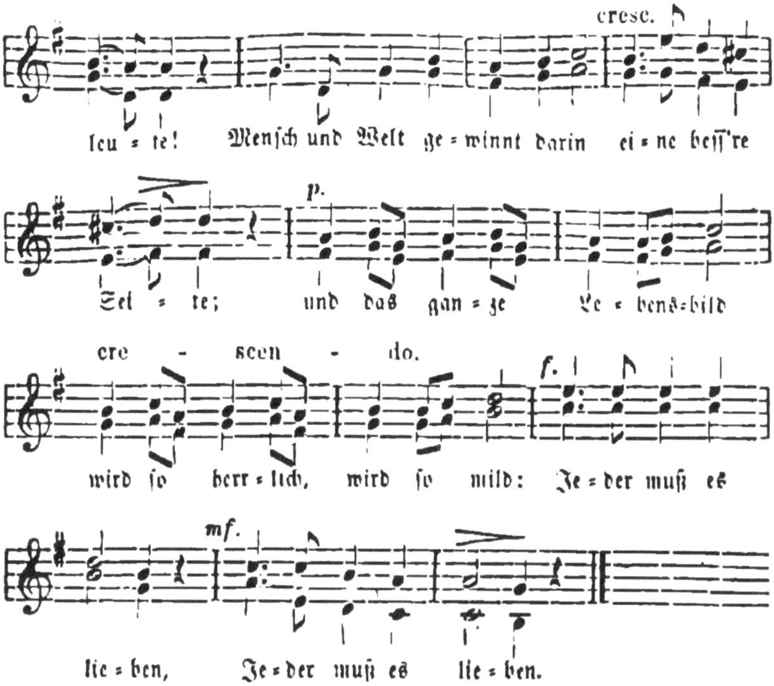
cresc.
leu - te! Mensch und Welt ge - winnt darin ei - ne bess're
p.
Sei - te; und das gan - ze Le - bens-bild
cre - scen - do.
f.
wird so herr - lich, wird so mild: Je - der muß es
mf.
lie - ben, Je - der muß es lie - ben.

2. Steht des Glückes Wetterglas nicht nach unserm Willen, thun uns böse Menschen was, schwirrt der Kopf voll Grillen, trieft die Stirn von Arbeitsschweiß; hurtig nur zum Freundschaftskreis, |: wird sich Alles geben. :|

3. O wie laut bezeuget dies unser Kreis, ihr Brüder! Mancher kam betrübt, und ging frohen Sinnes wieder und aus seiner Heiterkeit war's als schöpfte unsre Freud' |: immer neues Leben. :|

4. Ja fürwahr! nur unsre Brust ist die wahre Quelle, draus die Freude uns entspringt, ach! so voll und helle, daß sie rauscht in Lieb' und Scherz, und in jedes Bruderherz |: Lust und Liebe strömet. :|

5. Diese Quelle soll uns nie stocken noch erkalten: wollen stets, was an uns ist, Fried und Freundschaft halten; wollen leben und uns freu'n, helfen, fördern, dienstlich sein, |: ja dabei soll's bleiben! :|

Daniel Jäger.

---

14. Im Wald.

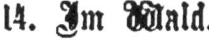

Moderato. Aus „Preciosa" von C. M. v. Weber.

f.
Echo pp.
f.
pp.
1. Im Wald, im Wald, im Wald, im

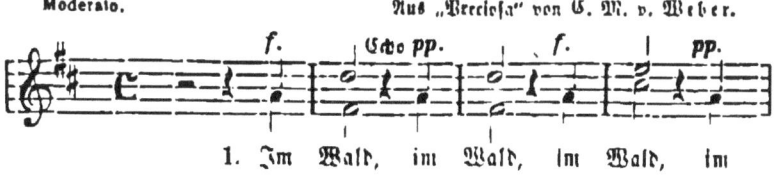

Wald, im fri=schen, grü=nen Wald, im Wald, im
Wald, wo's E=cho schallt, wo's E=cho schallt, im
Wald, wo's E=cho schallt, im Wald, wo's E=cho schallt, da
tö=net Ge=sang und der Hör=ner Klang so
lu=stig durch den Forst ent=lang. Tra=
rah, tra=rah, tra=rah, tra=rah, tra=rah, tra=rah, tra=rah.

2. Die Nacht, — — —, die rabenschwarze Nacht, die Nacht, —
|: Gesellen wacht, :| |: durchwacht die schwarze Nacht, :| Die Wölfe
lauern, sind uns nicht fern, das Bellen der Hunde, sie hören's nicht gern:
Wauwau, wauwau ꝛc.

3. Die Welt, — — —, die große, weite Welt, die Welt, —
|: ist unser Zelt, :| |: die Welt ist unser Zelt. :| Und wandern wir
singend, so schallen die Lüfte, die Wälder, die Thäler, die felsigen Klüfte:
Halloh, halloh ꝛc.

15. Marschlied.

Im Wanderschritte. Abt.
mf

Blau=e Luft, Blu=men=duft und der Win=de

16. Aufforderung zur Lebensfreude.

2. Freut euch des Lebens 2c. Wer Neid und Mißgunst sorgsam flieht, Genügsamkeit im Gärtchen zieht, dem schießt sie bald zum Bäumchen auf, das goldne Früchte bringt.
3. Freut euch 2c. Wer Redlichkeit und Treue übt und gern dem ärmern Bruder giebt, da siedelt sich Zufriedenheit so gerne bei ihm ein.
4. Freut euch 2c. Und wenn der Pfad sich furchtbar engt und Mißgeschick uns plagt und drängt, so reicht die holde Freundschaft stets dem Redlichen die Hand.
5. Freut euch 2c. Sie trocknet ihm die Thränen ab, und streut ihm Blumen bis in's Grab; sie wandelt Nacht in Dämmerung und Dämmerung in Licht.

6. **Freut euch** ꝛc. Sie ist des Lebens schönstes Band; schlagt Brüder, traulich in die Hand! so wallt man froh, so wallt man leicht in's bess're Vaterland.

J. M. Usteri (1793).

17. Bundeslied.

Fröhlich.   Volksweise — H. Himmel.

1. Es kann ja nicht immer so bleiben hier unter dem wechselnden Mond; es blüht eine Zeit und verwelket, was mit uns die Erde bewohnt, was mit uns die Erde bewohnt.

2. Wir sitzen so fröhlich beisammen und haben uns Alle so lieb; erheitern einander das Leben, |: ach, wenn es doch immer so blieb! :|

3. Doch weil es nicht immer kann bleiben, so haltet die Freude recht fest! Wer weiß denn, wie bald uns zerstreuet |: das Schicksal nach Ost und nach West! :|

4. Und kommen wir wieder zusammen auf wechselnder Lebensbahn, so knüpfen an's fröhliche Ende |: den fröhlichen Anfang wir an. :|

18. Jägers Morgenlied.

Allegro marcato.   C. M. v. Weber.

1. Die Thale dampfen, die Höhen glüh'n, welch' fröhlich Jagen im

Wal=desgrün! Der Mor=gen weckt zu fri=scher Lust, doch schwillt die Brust, des Sieg's bewußt. Dringt muthig durch Schluchten und Moor, laßt schmettern die Hör=ner im Chor, laßt  schmettern die Hör=ner, die Hör=ner im Chor: Ihr  Für=sten, ihr Für=sten der Waldung her = vor! Laßt  schmettern die Hörner im Chor: Ihr Fürsten der Waldung her = vor!

2. Nun freudig sieget das goldne Licht, vom Bogen flieget des Pfeil's Gewicht, ereilt den Aar auf luft'gem Horst, erlegt die Schlang' im dichten Forst! Wohlauf denn durch Schluchten und Moor, |: laßt schmettern die Hörner im Chor: Ihr Fürsten der Waldung hervor! :|

(Aus Eurhanthe.)

19. Abendglöcklein.

Ruhig.   Volksweise.

1. Seht, wie die Sonne dort sin = ket hin=ter dem nächtlichen  Wald! Glöckchen schon Ru=he uns win=ket:

Das 2. Mal ganz schwach.

hört nur, wie lieblich es schallt! 1—3. Trauli=ches Glöcklein, du läu=test so schön! läu=te nur, läu=te nur zu, läu=te zur sü=ßen Ruh'.

2. Hört ihr das Blöcken der Heerde? Seht, wie die Lüfte schon weh'n! Dämm'rung umschleiert die Erde; lasset zur Hütte uns geh'n! Trauliches Glöcklein ꝛc.

3. Dörfchen, o sei uns willkommen! heut ist die Arbeit vollbracht; bald, von Sternen umschwommen, nahet die feiernde Nacht. Trauliches Glöcklein ꝛc.

20. Beim Mondschein.

Sehr mäßig. *Volksweise.*

1. Gu=ter Mond, du gehst so stil=le in den A=bend=wol=ken hin.
La=best nach des Ta=ges Schwüle durch dein freundlich Licht den Sinn.
Mild und freundlich schaust du nie=der von des Himmels blau=em Zelt, und es

tö=nen un=sre Lie=der hell hin-auf zum Herrn der Welt.

2. Ach, daß auch in unsre Herzen Himmelsruhe zöge ein, daß das Leben frei von Schmerzen, frei von Sünde möge sein! Sanft umströmet uns dein Schimmer, klarer, milder Mondenschein; Menschenherz, o daß du immer wärst wie dieses Licht so rein.

3. Lieber Heiland, gieße Frieden in das arme Menschenherz, wende von dem Schmerz hienieden unsre Seelen himmelwärts, daß wir einst im Himmel droben mit des Himmels Engelheer ewig unsern Schöpfer loben; sel'ges Herz, was willst du mehr?   J. Kell.

21. Abendlied.

Langsam.   H. Rink.

1. A=bend wird es wie=der ü=ber Wald und Feld säu=selt Frie=den nie=der, und es ruht die Welt.

2. Nur der Bach ergießet sich am Felsen dort, und er braust und fließet immer, immer fort.

3. Und kein Abend bringet Frieden ihm und Ruh', keine Glocke klinget ihm ein Rastlied zu.

4. So in deinem Streben bist, mein Herz auch du: Gott nur kann dir geben wahre Abendruh'.   H. Hoffmann v. Fallersleben.

22. Waldesdunkel.

Adagio.   Aus dem „Freischütz" von C. M. v. Weber.

Wal=des=dun=kel, Wal=des=dun=kel,

Bu-chen-hal-len, trau-ter Hör-ner-klang! o
sü-ßes Seh-nen, o sü-ßes Seh-nen,
E-cho-gruß am Fel-sen-hang.

23. An die Glocke.

Gemüthlich langsam.   F. G. Fesca — Volksweise.

1. Glocke, du klingst fröhlich, wenn der Hochzeit-rei-hen zu der Kir-che geht! Glocke, du klingst hei-lig, wenn am Sonntags-mor-gen leer der Acker steht.

2. Glocke, du klingst fröhlich, rufest du am Abend, daß es Betzeit sei! Glocke, du klingst traurig, rufest du: das bitt're Scheiden ist vorbei!

3. Sprich, wie kannst du klagen? wie kannst du dich freuen? bist ein todt Metall! Aber unsre Leiden, aber unsre Freuden, die verstehst du all'!

4. Gott hat Wunderbares, was wir nicht begreifen, Glock' in dich gelegt! Muß das Herz versinken, du nur kannst ihm helfen, wenn's der Sturm bewegt.   A. W. Schreiber.

24. Des Vaterlandes Hochgesang.

2. Der alten Barden Vaterland, dem Vaterland der Treue, dir, theures, vielgeliebtes Land, dir weih'n wir uns auf's Neue!
3. Zur Ahnentugend wir uns weih'n, zum Schutze deiner Hütten; wir lieben deutsches Fröhlichsein und alte deutsche Sitten.
4. Die Barden sollen Lieb' und Wein, doch öfter Tugend preisen, und sollen biedre Männer sein in Thaten und in Weisen.
5. Ihr Kraftgesang soll himmelan mit Ungestüm sich reißen; und jeder ächte, deutsche Mann soll Freund und Bruder heißen!

Nach M. Claudius (1773).

25. Auszug in den Kampf für's Vaterland.

Welt, ein frei=es, fro=hes Le=ben uns wohl=ge=fällt.

2. Wir halten zusammen, wie treue Brüder thun, wenn Tod uns umgrauet und wenn die Waffen ruh'n. |: Uns alle treibt ein reiner fro=her Sinn, nach einem Ziele streben wir Alle hin. :|

3. Der Hauptmann, er lebe! er geht uns kühn voran, wir folgen ihm muthig auf blut'ger Siegesbahn. |: Er führt uns jetzt zum Kampf und Sieg hinaus, er führt uns einst, ihr Brüder, in's Vaterhaus. :|

2. Wer wollte wohl zittern vor Tod und vor Gefahr? Vor Feigheit und Schande erbleichet unsre Schaar! |: und wer den Tod im heil'gen Kampfe fand, ruht auch in fremder Erde im Vaterland. :|

26. Deutsches Weihelied.

Feierlich langsam. — Einzelne. — Vollsweise.

1. Al=les schwei=ge! Je=der nei=ge ern=sten
Im Chor wiederholt. Einzelne.
Tö=nen nun sein Ohr! Hört, ich sing' das
Lied der Lie=der, hört es, mei=ne deutschen Brüder,
cresc. Im Chor wiederholt.
hall' es wie=der, fro=her Chor!

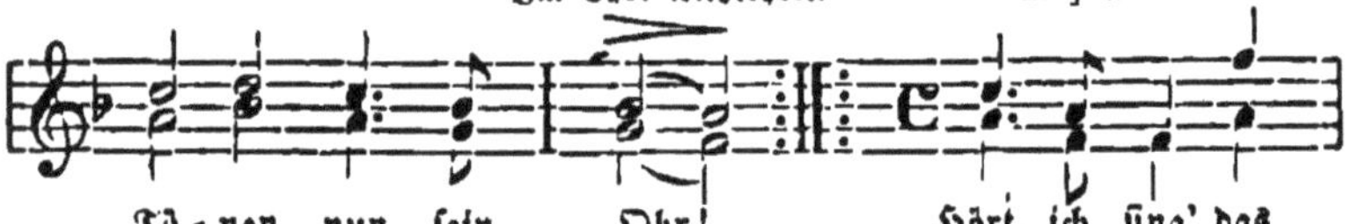

2. Deutschlands Söhne, laut ertöne euer Vaterlandsgesang! :|: Dem Beglücker seiner Staaten, dem Vollender großer Thaten töne unser Rundgesang! :|

3. Hab' und Leben dir zu geben, sind wir allesammt bereit; :|: sterben gern zu jeder Stunde, achten nicht die Todeswunde, wenn das Vaterland gebeut. :|

4. Lied der Lieder, hall es wieder: groß und deutsch sei unser **Muth**! :|: Alle seid in Lieb umschlungen, alle Stämme deutscher Zungen, all' verwandt durch Bruderblut. :|

27. Rossbach und Katzbach.

2. Nehmt Euch in Acht vor den Bächen, die da von Thieren sprechen, jetzt und hernach! An der Katzbach! an der Katzbach haben wir den Katzen abgehau'n die Tatzen, daß sie nicht mehr kratzen; kein Hieb ging fehl!

Fr. Rückert.

2. Der muß an der linken Seiten |: einen Säbel haben an, :| daß er, wenn die Feinde streiten, fechten und auch stechen kann. Büblein wirst du ein Rekrut ꝛc.

3. Und ein Roß zum Galoppiren |: und von Silber auch zwei Sporn, :| daß er kann den Gaul regieren, wenn er Sprünge macht im Zorn. Büblein wirst du ꝛc.

4. Einen Schnurrbart an der Nasen, |: auf dem Kopfe einen Helm, :| sonst, wenn die Trompeten blasen, ist er nur ein armer Schelm. Büblein ꝛc.

5. Und ein Herze muß ihm sitzen |: tapfer auf dem rechten Fleck, :| daß er, wenn Kanonen blitzen, nicht von dannen läuft vor Schreck. Büblein ꝛc.

29. Schwertlied.

C. M. v. Weber.

1. Du Schwert an mei=ner Lin=ken, was soll dein heit=res Blinken? Schaust mich so freundlich an, hab' mei=ne Freude dran. Hurrah! hurrah! hur=rah!

2. „Mich trägt ein wackrer Reiter, drum blink' ich auch so heiter; bin freien Mannes Wehr: das freut dem Schwerte sehr." Hurrah! ꝛc.

3. Ja, gutes Schwert, frei bin ich, und liebe dich herzinnig, als wärst du mir getraut, als eine liebe Braut. Hurrah! ꝛc.

4. „Dir hab' ich's ja ergeben, mein leichtes Eisenleben. Ach wären wir getraut! wann holst du deine Braut?" Hurrah! ꝛc.

5. Zur Brautnachts=Morgenröthe ruft festlich die Trompete; wenn die Kanonen schrei'n, hol ich das Liebchen ein. Hurrah! ꝛc.

6. „O seliges Umfangen! ich harre mit Verlangen. Du Bräut'gam hole mich, mein Kränzchen bleibt für dich!" Hurrah! ꝛc.

7. Was klirrst du in der Scheide, du helle Eisenfreude, so wild, so schlachtenfroh? Mein Schwert, was klirrst du so? Hurrah! ꝛc.

8. „Wohl klirr' ich in der Scheide: ich sehne mich zum Streite, recht wild und schlachtenfroh: Drum, Reiter, klirr' ich so!" Hurrah! ꝛc.

9. Bleib' doch im engen Stübchen! was willst du hier, mein Liebchen? Bleib' still im Kämmerlein; bleib', bald hol' ich dich ein! Hurrah! ꝛc.

10. „Laß mich nicht lange warten! O schöner Liebesgarten, voll Röslein, blutigroth, und aufgeblühtem Tod!" Hurrah! ec.

11. So komm' denn aus der Scheide, du, Reiters Augenweide! Heraus, mein Schwert, heraus! Führ' dich in's Vaterhaus. Hurrah! ec.

12. „Ach herrlich ist's im Freien, im rüst'gen Hochzeitreihen! Wie glänzt im Sonnenstrahl so bräutlich hell der Stahl!" Hurrah! ec.

13. Wohlauf, ihr lecken Streiter! wohlauf, ihr deutschen Reiter! Wird euch das Herz nicht warm? nehmt's Liebchen in den Arm! Hurrah! ec.

14. Erst that es an der Linken nur ganz verstohlen blinken; doch an die Rechte traut Gott sichtbarlich die Braut. Hurrah! ec.

15. Drum drückt den liebeheißen, bräutlichen Mund von Eisen an eure Lippen fest! Fluch, wer die Braut verläßt! Hurrah! ec.

16. Nun laßt das Liebchen singen, daß helle Funken springen! der Hochzeitsmorgen graut. — Hurrah, du Eisenbraut! Hurrah! ec.

Th. Körner.

30. Die Wacht am Rhein.

Kräftig. C. Wilhelm.

1. Es braust ein Ruf wie Donnerhall, wie Schwertgeklirr und Wogenprall: zum Rhein, zum Rhein, zum deutschen Rhein! Wer will des Stromes Hüter sein? Lieb Vaterland, magst ruhig sein, lieb Vaterland, magst ruhig sein; fest steht und treu die Wacht, die Wacht am Rhein!

Feſt ſteht und treu die Wacht, die Wacht am Rhein!

2. Durch Hunderttauſend zuckt es ſchnell, und aller Augen blitzen hell: der Deutſche, bieder, fromm und ſtark, beſchützt die heil'ge Landesmark. Lieb Vaterland ꝛc.

3. Er blickt hinauf in Himmelsau'n, da Heldenväter niederſchau'n, und ſchwört mit ſtolzer Kampfesluſt: du Rhein bleibſt deutſch wie meine Bruſt! ꝛc.

4. So lang' ein Tropfen Blut noch glüht, noch eine Fauſt den Degen zieht, und noch ein Arm die Büchſe ſpannt, betritt kein Feind hier deinen Strand! ꝛc.

5. Der Schwur erſchallt, die Woge rinnt, die Fahnen flattern hoch im Wind: am Rhein, am Rhein, am deutſchen Rhein, wir Alle wollen Hüter ſein! ꝛc.

Max Schneckenburger.

31. Eintracht und Liebe.

1. Ein-tracht und Lie - be gab uns die Macht, uns zu be-frei-en aus fin-ſte-rer Nacht.

2. Eintracht und Liebe gab uns die Kraft, uns zu erhalten vor feindlicher Macht.

3. Eintracht und Liebe ſei unſer Wort, wenn uns bedrohet ein feindlicher Hort.

4. Eintracht und Liebe ſei unſer Schild, wenn es um Freiheit und Leben uns gilt.

32. Bundeszeichen.

1. Frei und un-er-ſchüt-ter-lich wach-ſen un-ſre Ei-chen; mit dem Schmuck der grü-nen Blät-ter

steh'n sie fest in Sturm und Wet=ter, wan=ken nicht noch  wei=chen, wan=ken nicht noch wei=chen.

2. Wie die Eichen himmelan trotz den Stürmen streben, wollen wir auch ihnen gleichen, frei und fest, wie deutsche Eichen, |: unser Haupt erheben. :|

3. Darum sei der Eichenbaum unser Bundeszeichen: daß in Thaten und Gedanken wir nicht schwanken oder wanken, |: niemals muthlos wanken :|

33. Vaterlandsruf.

Kräftig.   Mel. angeblich von Mozart.

1. Hinaus, hin = aus! es ruft das Va =ter = land: eilt, Männer, eilt, zu kämpfen und zu sie = gen; im Glau=ben

cresc. *f.*

stark, bewaffnet eu = re Hand! Ihr dürft nicht wanken, nicht er=

p.

lie=gen; ihr strei=tet nicht um Eh=re, Ruhm und Gold, das deut=sche

f.

Recht er=käm=pfet ihr euch wie = der; V. 1-2. und deut=sche

2. Zu lange schon ertrugen wir die Schmach, die durch Verblendung wir erduldet; werft ab das Joch und werdet endlich wach, auf daß nicht eure Schande ihr verschuldet! Es gilt für Glaube, Vaterland und Weib; erkämpft den Sieg, bringt deutschen Sinn uns wieder! und deutsche Freiheit ꝛc. 1813

34. Brüder, lagert euch im Kreise.

2. Deutschlands Jünglingen zu Ehren soll ein kräftig Hoch ertönen, die für Ehr' und Freiheit fechten; selbst ihr Fall sei heilig mir!

3. Männern, die das Herz uns rühren, und den Pfad der Weisheit führen, deren Beispiel wir verehren, sei ein dreifach Hoch gebracht.

35. Der alte Ziethen.

Sie ha=ben's All' er=fah=ren, wie er die Pel=ze wusch mit sei=nen Leibhu=saren, der Zietben aus dem Busch.

2. Der Friede war geschlossen; doch Kriegeslust und Qual die alten Schlachtgenossen durchlebten noch einmal. Wie Marschall Daun gezaudert, und Fritz und Ziethen nie: es ward jetzt durchgeplaudert bei Tisch in Sanssouci.

3. Hei, wie den Feind sie bläuten bei Lowositz und Prag, bei Lieg= nitz und bei Leuthen und weiter Schlag auf Schlag! Bei Torgau, Tag der Ehre, ritt selbst der Fritz nach Haus'; doch Ziethen sprach: „Ich kehre erst noch mein Schlachtfeld aus!"

4. Sie stritten nie alleine, der Ziethen und der Fritz; der Donner war der Eine; der And're war der Blitz. Es wies sich keiner träge; drum schlug's auch immer ein; ob warm', ob kalte Schläge, sie pflegten gut zu sein.

5. Einst mocht' es ihm nicht schmecken, und sieh, der Ziethen schlief. Ein Höfling will ihn wecken; der König aber rief: „Laßt schlafen mir den Alten! Er hat in mancher Nacht für uns sich wach gehalten; — der hat genug gewacht!"

6. Und als die Zeit erfüllet des alten Helden war, lag einst, schlicht eingehüllet, Hans Ziethen, der Husar. Wie selber er genommen die Feinde stets im Husch, so war der Tod gekommen wie Ziethen aus dem Busch.

Fontane.

36. Wilhelm der Siegreiche.

Kräftig.   Edwin Schultz.

1. Wer ist der Kö=nig hoch=ge=ehrt, der hin gen We=sten zieht? Wer ist's, vor des=sen Flammenschwert der Franzmann ei=ligst flieht? Wer ist's, der dort im Sie=gesglanz auf Se=dan's Hö=hen sieht? Wer, des=sen Stirn der Lor=beer=kranz bei

2. Wer ist es, dessen Tapferkeit das Trugesspiel zerbrach! Wer sühnt kraft deutscher Einigkeit der edlen Mutter Schmach? Wer ist der Sohn, wer ist der Held, den Herz und Mund hoch preist? Wer ist's, den die erstaunte Welt den Schirmherrn Deutschlands heißt? Du stolzes Preußen, freue dich, dein König hoch und ritterlich, dein König, dein König, dein Wilhelm, Deutschlands Held! Dein König, dein König, dein Wilhelm, Deutschlands Held!

3: Wer gab Versailles als Losungswort, Paris als Feldgeschrei? Wem braust entgegen: „Starker Hort, All=Deutschland ist dabei!?" Wer hält im alten Königsschloß von Frankreich seinen Sitz? Umringt von seinen Helden groß, mit ihm Feldmarschall Fritz? Du stolzes Preußen freue dich, dein König hoch und ritterlich, dein König, dein König, der deutsche Siegesheld! Dein König, dein König, der Deutschen Siegesheld!

4. Wer ist der König hoch geehrt, des Haupt der Lorbeer schmückt? Der „siegesreich", stets Demuth lehrt, von Gottes Gnad' beglückt? Wem jauchzt von Nord und Süd des Main, daß es die Welt erfüll': „Sollst unser deutscher Kaiser sein, ist aller Deutschen Will'!?" Du stolzes Deutschland, freue dich, dein Kaiser hoch und ritterlich, dein Kaiser, dein Kaiser, der König Wilhelm ist's! Dein Kaiser, dein Kaiser, der König Wilhelm ist's!

Cäsar v. Dachröden.

37. Gottes Liebe.

1. Gottes süße Liebe, Gottes frommes Herz
   Ziehe meine Triebe alle himmelwärts!
   Unten sind nur Thränen, ist nur eitel Lug,
   ungestilltes Sehnen, Täuschung nur und Trug.

2. Unten ist nur Mühe, wenn's am besten ist, Hader spät und frühe, daß man dein vergißt, Alle, gleich den Blinden, tappen ungewiß, können dich nicht finden in der Finsterniß.

3. O du reiche Quelle, Brunnen jeder Lust, mache mir es helle, hell in Aug' und Brust! Ziehe, süße Liebe, mich hinauf zum Licht, alle meine Triebe, all' mein Angesicht.

4. Gottes Liebe ziehe mich in dich hinein, daß ich hier schon blühe, wie ein Himmelsschein; daß ich gleich der Lerche flieg' in's Sternenhaus, über Thal und Berge und die Welt hinaus.   E. M. Arndt.

38. Der beste Freund.

1. Der beste Freund ist in dem Himmel, auf
   denn bei dem falschen Weltgetümmel ist
   Erden sind die Freunde rar;
   Redlichkeit oft in Gefahr.
   Drum hab' ich's

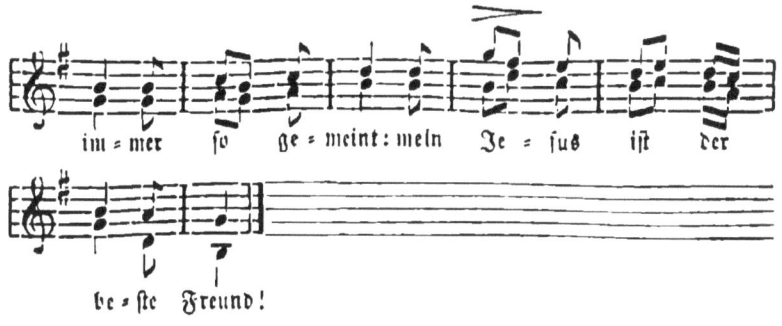

2. Die Menschen sind wie eine Wiege; mein Jesus stehet felsenfest, daß, wenn ich gleich darnieder liege, mich seine Treue nicht verläßt. Er ist's, der mit mir lacht und weint: Mein Jesus ist der beste Freund.

3. Die Welt verkaufet ihre Liebe dem, der am meisten nutzen kann; und scheinet dann das Glücke trübe, so steht die Freundschaft hinten an; doch hier ist es nicht so gemeint: Mein Jesus ist der beste Freund.

4. Er läßt sich selber für mich tödten, vergießt für mich sein theures Blut; er steht mir bei in allen Nöthen; er spricht für meine Sünden gut; er hat mir niemals was verneint! Mein Jesus ist der beste Freund.

5. Mein Freund, der mir sein Herze giebet; mein Freund, der mein und ich bin sein; mein Freund, der mich beständig liebet, mein Freund bis in das Grab hinein. Ach hab' ich's nun nicht recht gemeint? Mein Jesus ist der beste Freund.

6. Behalte, Welt, dir deine Freunde! sie sind doch gar zu wandelbar; und hätt' ich hunderttausend Feinde, so krümmen sie mir nicht ein Haar. Hier immer Freund, und nimmer Feind: Mein Jesus ist der beste Freund.

Benjamin Schmolk.

39. Die Liebe Gottes in Jesu.

lie=bet ward. Ich will, an=statt an mich zu den=ken, in's Meer der Lie=be mich ver=sen=ken.

2. Wie bist du mir so sehr gewogen und wie verlangt dein Herz nach mir! Durch Liebe sanft und tief gezogen, neigt sich mein Alles auch nach dir. Du traute Liebe, süßes Wesen, du hast mich, ich hab' dich er=lesen.

3. Ich fühl's, du bist's, ich muß dich haben; ich fühl's, ich muß für dich nur sein. Nicht im Geschöpf, nicht in den Gaben, mein Plätzchen ist in dir allein. Hier ist die Ruh', hier ist Vergnügen, drum folg' ich deinen sel'gen Zügen.

4. Für dich sei ganz mein Herz und Leben, Erlöser, du, mein einzig Gut! Du hast für mich dich hingegeben, zum Heil durch dein Erlösungs=blut. Du Heil des schweren, tiefen Falles, für dich sei ewig Herz und Alles!

5. Ich liebt' und lebte recht im Zwange, als ich mir lebte ohne dich. Ich wollte dich nicht, ach so lange! Doch liebtest du und suchtest mich. O wenn doch dies der Sünder wüßte! sein Herz wohl bald dich lieben müßte.

6. O Jesu, daß dein Name bliebe im Geist mir! Drück' ihn tief hinein! Laß deine süße Jesusliebe in Herz und Sinn gepräget sein! In Wort und Werk, in allem Wesen sei Jesus und sonst nichts zu lesen.

7. In deinem theuern, heil'gen Namen eröffnet sich des Vaters Herz. Da find' ich lauter Ja und Amen, den Trost und Heil für jeden Schmerz. O Herr, daß dies der Sünder wüßte, sein Herz gar bald dich lieben müßte.

8. Preis sei dem hohen Jesusnamen, in dem der Liebe Quell ent=springt, von dem hier alle Bächlein kamen, aus dem die sel'ge Schaar dort trinkt! Wie beugen sie sich ohne Ende! Wie falten sie die frohen Hände. Wir beugen uns mit ohne Ende, wir falten mit die frohen Hände.

Tersteegen.

40. Harre des Herrn!

Getragen. Melodie v. C. Malan.

1. Har=re, mei=ne See=le, har=re des Herrn!

cresc.

Al-les ihm be-feh-le, hilft er doch so gern!

Solo pf.

Sei un-ver-zagt, bald der Mor-gen tagt!;
dim. dolce
Vom Chor wiederholt.

und ein neu-er Frühling folgt dem Win-ter nach!

pf.   f.

In al-len Stürmen, in al-ler Noth wird er dich be-

schirmen, der treu-e Gott!

2. Harre, meine Seele, harre des Herrn! Alles ihm befehle, hilft er doch so gern! Wenn Alles bricht, Gott verläßt uns nicht; größer als der Helfer ist die Noth ja nicht! Ewige Treue, Retter in der Noth, rett' auch unsre Seele, du treuer Gott!   Fr. Räder.

41. Das Vaterunser.

Sehr mäßig.

1. Va-ter un-ser be-ten wir, der du
und die Deinen, wenn sie dir treu-lich

in dem Him-mel woh-nest, Dei-nes Namens Herrlich-
die-nen, e-wig lob-nest,

keit sei ge = lobt zu al = ler Zeit.

2. Zu uns komme, Herr, dein Reich, daß dein Himmel sei auf Erden; daß wir deinem Sohne gleich, deinem Willen folgsam werden, folgsam, wie der höh're Geist, der dich rein und heilig preist.

3. Gieb uns, Herr, nach deiner Huld, was uns nöthig ist zum Leben! Innig reu't uns unsre Schuld, doch du wirst sie uns vergeben, wenn dem Nächsten wir verzeihn, und der Frömmigkeit uns weih'n.

4. In Versuchung führ' uns nicht; laß uns niemals unterliegen. Gieb die Kraft, die uns gebricht, böse Lüste zu besiegen. Vater, steh' uns gnädig bei, mach' uns aller Fehler frei.

5. Ach, des Uebels, Gott, ist viel, was uns hier auf Erden drücket; doch du steckst der Noth ein Ziel, schickst den Tod, der uns entrücket aus dem Elend dieser Zeit in das Reich der Ewigkeit.

6. Wer mit fester Zuversicht, glaubensvoll, in Jesu Namen diese sieben Worte spricht, kann mit Freuden sagen: Amen! Amen, ja es wird ge= scheh'n, was wir so von Gott erfleh'n.

42. Advent.

1. Toch=ter Zi=on, freu = = e dich! jauch = = ze laut, Je=ru = = sa = lem! Sieh', dein Kö = = nig kommt zu dir, ja er kommt, der Frie = de = fürst.

2. Hosianna, David's Sohn! sei gesegnet deinem Volk! Gründe nun dein ew'ges Reich! Hosianna in der Höh'!

3. Hosianna, David's Sohn! Sei gegrüßet, König mild! Ewig steht dein Friedensthron! Du, des ew'gen Vaters Kind!

43. Der Herr ist unsre Zuversicht und Stärke.
(Psalm 46, 2—4.)

*) Die Verse (Strophen) des „Chores der Seligen" sind zwischen den Versen (Strophen) des ersten Chores zu singen.

2. Ja, ihr lebt, verklärte Brüder und schauet segnend niederwärts. Euer sind des Himmels Güter, doch unser, unser ist der Schmerz. Im dunkeln Leben ein sehnlich Streben hinauf, hinauf, hinauf, Welt des Lichtes, geh' uns auf!

3. Dir gegeben und genommen, ihn preise, wer ihn Vater nennt. Wird, ach wird die Stunde kommen, wo er vereint, was er getrennt? Von Todtenhügeln auf Hoffnungsflügeln hinauf, hinauf, hinauf, Welt der Wonne, geh' uns auf!

4. Hallelujah! Herr, wir loben dich, der des Staubes nicht vergißt. Seelen, auf! zur Stadt dort droben, die unser aller Mutter ist. O Lebensgeber, führ' über Gräber hinauf, hinauf, hinauf, zur Vollendung unsern Lauf!

Chor der Seligen (Solo).

1. Wir sind in Frieden, kein Leid, kein Tod ist mehr, am Quell des Le=bens wei=det der Hirt uns nun, und un=sre Thrä=nen sind ge=trock=net: weint nicht, ihr Lie=ben, wir sind in Frie=den.

2. Gott ist die Liebe! duldet und harret sein! Zur Freudenernte rufet die Thränensaat. Wir schau'n in Klarheit, was ihr glaubet: auch noch im Nehmen ist Gott die Liebe.

3. Mit Himmelsharfen töne der Gruß hinab: Ueber ein Kleines sollt ihr uns wiederseh'n! Bald ruft die Nacht euch, und am Morgen sind wir vereinigt zum Hallelujah.

Anhang.

Sammlung liturgischer Chöre.

Liturgie No. I. von Schärtlich.

Liturgie No. III. von Neithardt.

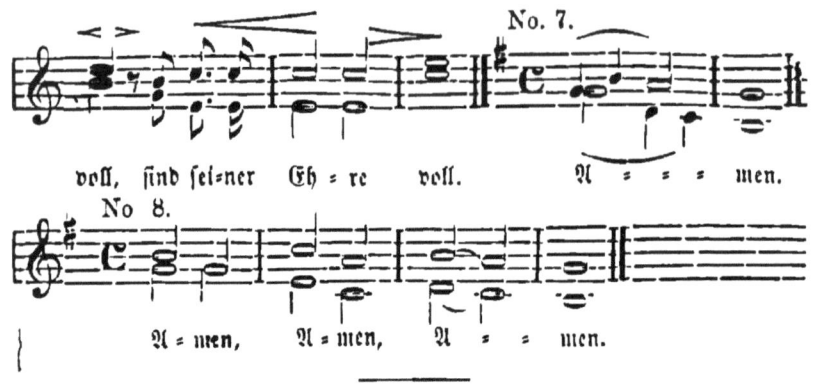

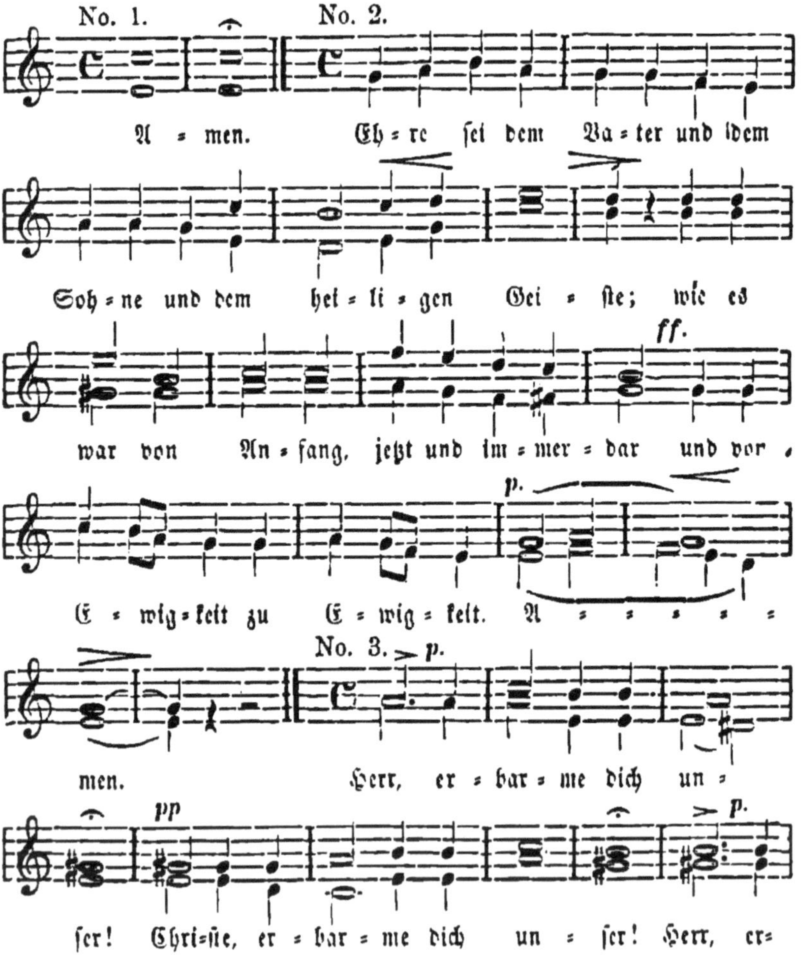

Die grosse Doxologie.

Alphabetisches Register.

	Nro.
Abend wird es wieder	21
Alles neu macht der Mai	1
Alles schweige	26
Aus der Tiefe tönt die Klage	44
Bald prangt den Morgen zu verkünden	6
Blaue Luft	15
Brüder, lagert Euch im Kreise	34
Der beste Freund ist in dem Himmel	38
Der Herr ist unsere Zuversicht	43
Die Thale dampfen	18
Du Schwert an meiner Linken	29
Eintracht und Liebe	31
Es braust ein Ruf wie Donnerhall	30
Es kann ja nicht immer so bleiben	17
Frei und unerschütterlich	32
Freund, ich bin zufrieden	12
Freut Euch des Lebens	16
Glocke, du klingst fröhlich	23
Gottes süße Liebe	37
Guter Mond, du gehst so stille	20
Harre meine Seele	40
Hinaus, hinaus, es ruft das Vaterland	33
Hinaus in die Ferne	25
Ich bete an die Macht	39
Im Wald, im Wald, wo's Echo schallt	14
Joachim Hans von Zieten	35
Kommt a Vogerl geflogen	8
Nehmt Euch In Acht	27
O hätt' ich so ein Stimmlein	9
O Thäler weit, o Höhen	5
O Tannenbaum, o Tannenbaum	10
O wie lieblich ist's im Kreis	13
Seht wie die Sonne dort sinket	19
Stimmt an mit hellem, hohen Klang	24
Thränen hab ich viele, viele vergossen	11
Tochter Zion, freue dich	42
Vater unser beten wir	41
Waldesdunkel	22
Was frag ich viel nach Geld	7
Wem Gott will rechte Gunst erweisen	2
Wenn's Mailüfterl kommt	3
Wer ist der König hochgeehrt	36
Wer hat dich, du schöner Wald	4
Wer will unter die Soldaten	28

Anhang.

Liturgie von Schirtlich	I
„ „ Petreins	II
„ „ Neithardt	III
Gemischte Sammlung	IV

Druck von Carl Trombolt in Berlin, Neue Friedrich-Straße 8.